F. B. Meyer

120 meditaciones para nutrir el espíritu y refrescar el alma

COLECCIÓN GRANDES MAESTROS DEL SIGLO XIX

F. B. Meyer

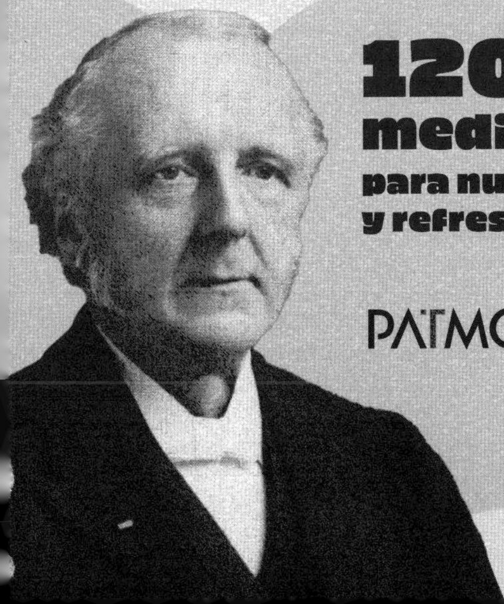

120 meditaciones para nutrir el espíritu y refrescar el alma

PATMOS

F. B. Meyer: 120 meditaciones para nutrir el espíritu y refrescar el alma

Publicado por Editorial Patmos
Miramar, FL 33027

Publicado originalmente en inglés por Cook Communications Ministries, 4050, Lee Vance View, Colorado Springs, CO 80918, con el título *The Best of F. B. Meyer* © 2006 por Cook Communications Ministries.

Traducido por Mayra Ramírez.
Diseño de portada e interior por Adrián Romano.

ISBN: 978-1-64691-387-9

Categoría: Devocional.

Impreso en Brasil | *Printed in Brazil*

Nota del Editor: Las selecciones de este libro han sido «modernizadas ligeramente» para el lector actual. Las palabras, las frases y las estructuras de las oraciones se han actualizado por claridad y legibilidad; se han combinado títulos de capítulos nuevos y versículos de las Escrituras con extractos del texto de F. B. Meyer. Se ha hecho el esfuerzo de preservar la integridad e intención de los escritos originales de Meyer. Se incluye preguntas de reflexión al final de cada lectura para ayudar a la exploración personal y discusión de grupo.

F. B. Meyer predicaba como alguien que miró a Dios cara a cara

«Haz que todo mi ser sea para Tu gloria». Ese fue el lema de la vida de Frederick Brotherton (F. B.) Meyer, uno de los predicadores más influyentes y muy queridos a finales del siglo 18 y principios de 1900. Como pastor bautista, autor, evangelista y reformador social, Meyer ayudó a formar mucho el pensamiento y la práctica cristiana de sus días, atrayendo miles de personas a Cristo por medio de sus escritos y cruzadas evangelísticas.

Meyer nació en 1847 y creció en un hogar cristiano, beneficiándose de una formación que nutrió su fe y su mente. Se graduó de la Universidad de Londres en 1869, y después se preparó teológicamente en Regents Park Baptist College. En 1972, el Dr. Meyer llegó a ser pastor de Priory Street Baptist Chapel, donde conoció al evangelista estadounidense D. L. Moody. Estos dos hombres piadosos formaron una amistad de toda la vida y por décadas se animaron, estimularon e inspiraron mutuamente en la fe.

En 1895 Meyer aceptó una invitación para pastorear Christ Church en Londres, que apenas tenía cien miembros en ese entonces. En dos años, la iglesia había crecido a más de dos mil. Meyer se quedó en Christ Church por los quince años siguientes, después de los cuales comenzó un ministerio de predicación en conferencias y de evangelismo. Aunque su trabajo estaba establecido en Inglaterra, frecuentemente visitaba los Estados Unidos y Canadá. También viajó extensamente por todo África del Sur y el Lejano Oriente en esfuerzos misioneros.

Un tema principal en la vida de Meyer fue su propia experiencia espiritual y ministerio hacia otros, fue el equilibrio entre la santidad humana y una fe activa que se aplica de maneras prácticas. En tanto que algunas denominaciones y movimientos cristianos hacían énfasis en una o en la otra, Meyer creía fuertemente que los cristianos deberían esforzarse por vivir una vida profunda y consagrada con Dios, como expresión del compromiso con Él, para alcanzar al mundo con el mensaje del evangelio.

Como tal, Meyer fue una figura clave en la Convención de Keswick, un movimiento religioso importante que comenzó en Gran Bretaña y se expandió a muchas partes del mundo. Este movimiento hacía énfasis en la entrega absoluta a Dios, la pureza individual y la lealtad total a Cristo. Meyer fue un orador frecuente en eventos de Keswick y un líder que ayudó a expandir su alcance y efectividad. Animó a miles de personas que participaban en este movimiento a profundizar su relación con Dios y aplicar su fe de maneras activas y prácticas.

Como lo dijo el autor e historiador Ian M. Randall: «El mensaje de Keswick, como lo experimentara Meyer y más tarde lo modelara, unificó los elementos místicos y prácticos de su pensamiento. El público de Keswick se identificó con los énfasis gemelos de Meyer en los pasos hacia una experiencia profunda por medio del Espíritu Santo y el ejercicio de ésta en el mundo».

Como bautista ferviente, Meyer participó personalmente confrontando problemas sociales como el abuso del alcohol, la prostitución, los nacimientos fuera del matrimonio y muchos más. Fue instrumental en un esfuerzo de prohibición (alcohólica) que se llamó El Movimiento Cinta Azul; Obra de Pureza, Rescate y Sobriedad del Consejo de Central South Free Church de Londres, que cerró burdeles y ministraba a prostitutas, al centro de ayuda para niños sin hogar Homeless Children's Aid y a la Sociedad de Adopción.

No es de sorprenderse que al estar activo en la reforma social Meyer obtuviera admiración en algunos lugares y desprecio en otros. En 1911, por ejemplo, estuvo en contra del boxeo profesional, que le parecía brutal e inhumano. Sus esfuerzos resultaron en la cancelación de una pelea a la que se le había dado mucha publicidad y que se llevaría a cabo en Earl's Court, entre Jack Johnson de los Estados Unidos y un contendiente británico. Meyer tuvo que soportar desdenes por sus esfuerzos y un periódico de Londres lo llamó el «Entrometido y llorón Meyer». Como hombre de convicción profunda y pasión espiritual no permitió que la burla pública estorbara sus esfuerzos de reforma, y continuó emprendiendo misiones durante toda su vida.

Además de sus esfuerzos por la reforma social, Meyer trabajó como presidente de las Uniones de Escuela Dominical Nacional y Mundial, presidente del Esfuerzo Nacional Cristiano y como fundador del Instituto de Capacitación Misionera del Sur de Londres. Fue autor de más de cuarenta libros, entre los que está *The Secret of Guidance* y *The Way into the Holiest*.

Durante su larga y fructífera vida, Meyer predicó más de dieciséis mil sermones. Tuvo una gran influencia en gigantes de la fe como J. Wilbur Chapman y Charles Spurgeon. Fue Spurgeon quien dijo: «Meyer predicaba como alguien que miró a Dios cara a cara». A la edad de ochenta años, Meyer llevó a cabo su duodécima campaña de predicación estadounidense, en la que viajó unas quince mil millas y habló en más de trescientas reuniones. Meyer volvió a Inglaterra a pastorear por algunos años más, antes de su muerte en 1929. Pocos discreparían en cuanto a que el lema de su vida, de ser utilizado completamente para la gloria de Dios, efectivamente se cumplió.

Aparte tiempo para estar tranquilo y a solas con Dios

1

«El que dice que permanece en él, debe andar como él anduvo».
1 Juan 2:6

Cuando Jesús nos redimió con Su sangre y nos presentó al Padre en Su justicia, no nos dejó con nuestra vieja naturaleza para que sirviéramos a Dios de la mejor manera posible. No, en Él habitaba la vida eterna, la vida divina del cielo. Todo el que está en Él recibe de Él esa misma vida eterna en Su santo poder celestial. Por lo que nada puede ser más natural que la afirmación de que la persona que permanece en Jesús, que continuamente recibe vida de Él, también debe andar como Él anduvo.

Esta vida poderosa de Dios no funciona como una fuerza ciega, que nos impulsa de manera ignorante o involuntaria a actuar como Cristo. Al contrario, el andar como Él debe surgir como resultado de una elección deliberada, que se ha buscado con un fuerte deseo y que ha sido aceptado por una voluntad viva.

Cuando Él nos llama a permanecer en Él para que podamos recibir esa vida más abundantemente, nos señala Su vida en la Tierra y nos dice que nos dio vida nueva para que andemos como Él anduvo. Tenemos que pensar, hablar y actuar como lo hizo Jesús. Tenemos que ser como Él fue.

Reflexión: *¿Qué significa «andar como Cristo» en la vida diaria? ¿Cómo puede seguir más de cerca Su ejemplo esta semana?*

2 Permanezca en Él siempre

«Una cosa he demandado a Jehová, ésta buscaré;
Que esté yo en la casa de Jehová todos los días de mi vida».
Salmo 27:4

Cada hierba que nace de la tierra, cada luciérnaga del bosque, cada ave que de repente sale de su nido ante sus ojos, todo lo que hay está lleno de la presencia de Dios, como la zarza que ardió con el fuego de Dios ante la cual Moisés se quitó el calzado reconociendo que Dios estaba allí.

Pero no siempre nos damos cuenta. Muchas veces pasamos horas, días y semanas en busca de la certeza de que Él está con nosotros. A veces participamos en períodos de oración, esperando una palabra especial del Señor, o un toque de Su mano. Vamos de una actividad o de una reunión a otra. Aun así, Él es una sombra, un nombre, una tradición, un sueño de días pasados.

Si tan sólo pudiéramos sentir, como el apóstol lo dijo en el Areópago, que Dios no está lejos. Él está con nosotros, cerca de nosotros y en nosotros siempre. Deberíamos entender lo que David quiso decir cuando habló de morar en la casa de Jehová todos los días de su vida, para contemplar la hermosura de Jehová, y para inquirir en Su templo, y esconderse en Su tabernáculo (véase Sal. 27). Esforcémonos en aprender el secreto bendito de permanecer toda la vida en el misterio de Su presencia y de estar escondidos en Su tabernáculo.

Reflexión: *¿Qué quiere decir permanecer en la presencia de Jesús cada día?*

Busque la guía infalible de Dios 3

«Jehová te pastoreará siempre». Isaías 58:11

Mucho de nuestro poder y paz está en saber en dónde Dios quiere que estemos, y precisamente estar allí. Si estamos exactamente en donde nuestro Padre celestial nos quiere, estamos perfectamente seguros de que Él proveerá comida, ropa, y todo lo demás. Cuando envía a Sus siervos a Querit, hará que los cuervos les lleven comida (véase 1 Reyes 17:1-6).

Cuánto de nuestro trabajo cristiano ha sido inefectivo porque hemos persistido en iniciarlo nosotros mismos, ¡en lugar de averiguar lo que Dios quiere hacer y donde Él requiere nuestra presencia! Tenemos sueños brillantes de éxito. Tratamos de estar al mando. Pedimos la ayuda de toda clase de recursos, cuestionables o no. Al fin regresamos, decepcionados y avergonzados, como niños que están destrozados y arañados por las zarzas y manchados por el lodazal. Nada de esto habría ocurrido si hubiéramos estado, desde el principio, bajo la guía infalible de Dios. Es posible que nos pruebe, pero no puede permitir que caigamos en error.

Los hijos de Dios que anhelan saber la voluntad de su Padre acudirán a la Biblia y obtendrán confianza al observar como, en todos los tiempos, Dios ha guiado a los que se atrevieron a confiar totalmente en Él, aun cuando esa misma gente, de ese tiempo, tuvo que haber estado tan desconcertada como lo estamos nosotros ahora. Vemos cómo Abraham dejó todo lo que le era familiar y atravesó, sin ninguna otra guía más que Dios, el desierto hacia una tierra que no conocía. Vemos cómo durante cuarenta años los israelitas fueron guiados a través de la península de Sinaí, con sus laberintos de piedra arenisca roja y desiertos de arena. Si Dios no nos guiara siempre, sería imposible siquiera pensar que pudiera guiarnos. Por lo que se nos invita a buscar Su guía durante toda nuestra vida, para todas nuestras necesidades.

Reflexión: *¿En qué áreas ha buscado su propia guía y no la de Dios? ¿Qué sucedió?*

Agradezca a Dios por todas las cosas

4

«Sed llenos del Espíritu [...] dando siempre gracias por todo al Dios y Padre, en el nombre de nuestro Señor Jesucristo». Efesios 5:18, 20

Tengo una amiga querida que en su vida ha formado la costumbre de obedecer este mandato literalmente. Cuando la fábrica de su esposo estaba en llamas, cuando a sus hijos les diagnosticaron una enfermedad grave y cuando otros aparentes desastres le acontecieron, ella se arrodilló para darle gracias a Dios. ¿Por qué? Porque ella sabía que Él aún era un Padre amoroso, que la amaba mucho como para darle nada menos que lo mejor, y que Su amor por ella era muy grande como para estar dispuesto a bendecirla al precio de tanto dolor.

Es posible que no siempre tengamos ganas de agradecerle a Dios por todo, pero hagámoslo siempre y atrevámonos a hacerlo. No examinemos el cajón exteriormente, más bien busquemos adentro el regalo de amor. Aunque a primera vista es posible que nos decepcionemos y entristezcamos, todo lo que el Padre nos da es lo mejor. Atrévase a creerlo y se dará cuenta de eso. De esta manera aprenderemos a recibir y a conocer la paz y seguridad del Padre. Su paz tranquilizará al corazón preocupado e intranquilo como la noche, con su aire fresco y majestuosa belleza, se asienta en el panorama febril.

Reflexión: *¿Por qué cosas desafiantes en su vida querría Dios que usted estuviera agradecido? ¿Por qué cree que Dios quiere que le agradezcamos por todas las cosas?*

5 Use su mente sabiamente

«Y Pablo, como acostumbraba, fue a ellos, y por tres días de reposo discutió con ellos, declarando y exponiendo por medio de las Escrituras». Hechos 17:2–3

Dios nos ha dado capacidades mentales maravillosas y desea que las usemos. En Su gracia, Dios no anula la acción de ninguno de Sus maravillosos dones, sino que los usa para la comunicación de Sus pensamientos y propósitos.

Por tanto, es de mucha importancia que alimentemos nuestra mente con hechos, información confiable, resultados de la experiencia humana y, sobre todo, con las enseñanzas de la Palabra de Dios. ¡Qué admirable es observar cuanta biografía e historia contiene la Biblia! Por lo que difícilmente hay una sola crisis de nuestra vida que no pueda encajar con las realidades expresadas en sus páginas maravillosas. No hay libro como la Biblia que lance una luz en el terreno oscuro de la vida humana.

En tanto que las Escrituras proveen nuestra primera y mejor fuente de guía, no perderemos nada al esforzarnos por adquirir toda la información confiable para agradar a Dios con nuestras acciones y decisiones. A la larga, nosotros decidimos cómo Dios nos enseñará, pero es posible que Él nos esté hablando por medio de la voz del sentido común santificado, recordándonos las enseñanzas que hemos recopilado. Claro, a veces Dios podría pedirnos que actuáramos en contra de nuestra razón, pero estos son casos excepcionales, y entonces nuestra tarea será tan clara que no nos equivocaremos. Porque en la mayor parte, Dios nos hablará por medio de las evaluaciones que hacemos, al considerar ventajas y desventajas.

Cuando Pedro fue encarcelado y no le era posible liberarse a sí mismo, un ángel fue enviado para que hiciera lo que él no podía hacer. Pero después de haber pasado por una o dos calles de la ciudad, el ángel lo dejó para que él mismo considerara el asunto. Aún hoy, Dios nos trata de esta manera. Él fijará un curso milagroso por métodos milagrosos. Pero cuando la luz ordinaria de la razón esté adecuada para la tarea, nos dejará actuar y decidir según el pensamiento cuidadoso y lógico.

Reflexión: *¿Cuáles son algunas maneras en las que Dios le ha enseñado? ¿Por qué es importante que cada uno de nosotros use su capacidad de razonar conjuntamente con la Biblia?*

6 Llénese de Dios

«Bienaventurados los que tienen hambre y sed de justicia, porque ellos serán saciados». Mateo 5:6

En esta vida, así como en la venidera, es posible ya no tener hambre y sed. No tener el tipo de hambre que tienen los cerdos por desperdicios, porque hemos sido llenos de las provisiones de la mesa del Padre. No tener sed de los manantiales donde los hijos del mundo buscan saciar su sed, porque el agua pura que surge para vida eterna está en nuestro interior. No es un clamor por las migajas y las sobras que el mundo deja en nuestro camino, porque hay una abundante provisión de maná.

Es algo bendito estar lleno del Espíritu, lleno de gozo y paz, lleno de la gracia de Dios y la bendición celestial, lleno de los frutos de justicia y del conocimiento de Su voluntad. El corazón está intranquilo hasta que se llena, y cuando se da cuenta de esta bendita llenura, metido profundamente en la plenitud de Dios y escurriendo gotas centelleantes, el mal ya no tiene encanto, el temor del hombre no puede invadirlo y las atracciones del pecado están neutralizadas. ¡Qué más puede el alma querer que estar llena de Ti, Oh Dios, que nos hiciste para Ti!

Reflexión: *¿De su círculo de influencia, quiénes todavía no conocen a Jesús y están tratando de saciar su hambre y sed espiritual con las cosas equivocadas? Ore para que Dios le dé oportunidades de compartir la saciedad que solamente Dios puede dar.*

Preste atención a sus motivos 7

«Jehová escudriña los corazones de todos, y entiende todo intento de los pensamientos». 1 Crónicas 28:9

Tenemos que tener mucho cuidado al juzgar nuestros motivos y examinarlos como los detectives examinan a cada persona que entra a un edificio o a un evento público. Cuando, por la gracia de Dios, hemos sido librados de formas obvias de pecado, todavía somos vulnerables a la obra sutil del *yo* durante nuestras horas más santas y encantadoras. Infunde decadencia en nuestra tarea de dar fruto. Susurra adulaciones seductoras a nuestros oídos. Hace que el Espíritu haga un giro de su propósito santo, así como las masas de hierro, de los buques de vapor hacen que la aguja de la brújula se desvíe del polo.

Siempre que haya algún pensamiento de ventaja personal, alguna idea de obtener alabanza y elogios de los hombres, alguna meta de exaltación propia, sencillamente será imposible entender el propósito de Dios para nosotros. La puerta tiene que estar resueltamente cerrada a todo esto si vamos a escuchar la voz tranquila y suave. Pídale al Espíritu Santo que le dé discernimiento y que inspire su corazón solamente para una meta, esa que animó a nuestro Señor y le llevó a declarar: «Yo te he glorificado en la tierra» (Jn. 17:4).

Reflexión: *¿Es su deseo principal glorificar a Dios? Pídale que le revele cualquier motivo equivocado que haya en su vida.*

8 Dios revelará Sus planes

«Estad firmes, y ved la salvación que Jehová hará hoy».
Éxodo 14:13

Las impresiones de Dios que están dentro y fuera de su Palabra siempre se corroboran con Su providencia a nuestro alrededor, y tranquilamente deberíamos esperar hasta que estas tres cosas se enfoquen en un punto. A veces parece que deberíamos actuar. Todos dicen que deberíamos hacer algo y, efectivamente, las cosas parecen haber llegado a estar tan desesperantes, al punto que deberíamos. Detrás están los egipcios; a la izquierda y a la derecha hay precipicios inaccesibles, adelante está el mar. No es fácil en esas circunstancias quedarse quieto y ver la salvación de Dios, pero tenemos que hacerlo.

Quizá Dios se tarde en llegar bajo la apariencia de Su providencia. Hubo demora cuando Jesús llegó caminando en el mar al amanecer o cuando resucitó a Lázaro. Hubo demora cuando el ángel corrió a la par de Pedro la noche antes del martirio que esperaba. Dios espera lo suficiente para probar la paciencia de la fe, pero ni un momento después de la hora extrema de nuestra necesidad.

Es extraordinario cómo Dios nos guía en las circunstancias. En un momento el camino parecería totalmente obstruido, luego, poco después, ocurre algún incidente trivial que no parecería mucho para otros, pero que para el ojo clínico de la fe lo dice todo. A veces estas señales se repiten de distintas maneras como respuesta a la oración. No son resultado de pura casualidad, sino la apertura de circunstancias en la dirección que deberíamos caminar. Y comienzan a multiplicarse a medida que avanzamos hacia nuestra meta, así como las luces cuando nos acercamos a una ciudad poblada en un tren que viaja por la noche.

Después de meses de espera y oración, he llegado a estar totalmente seguro de la guía de mi Padre celestial. Con énfasis en la experiencia personal, animo a cada persona confusa y preocupada a que espere pacientemente en el Señor hasta que claramente indique Su voluntad.

Reflexión: *¿Qué tan fácil es para usted esperar la confirmación de la voluntad de Dios? ¿Tiene confianza en que Dios lo guiará a Su tiempo?*

9 Su posición segura en Cristo

«Todos vosotros sois uno en Cristo Jesús». Gálatas 3:28

Nuestras experiencias son tan inconstantes como el clima el cambio de invierno a primavera: calor, frío, soleado, nublado, seco, lluvioso. Pero nuestra posición en Jesús no cambia. Es como Él: el mismo ayer, ahora y siempre. Nuestra posición segura en Cristo no se originó en nosotros sino en Su amor eterno. No la hemos comprado nosotros, sino que ha sido comprada por su preciosa sangre que aboga por nosotros tan poderosamente y con éxito, cuando apenas podemos afirmarla como cuando nuestra fe es más próspera. No se sostiene por nosotros, sino por el Espíritu Santo.

Si hemos corrido hacia Cristo en busca de salvación, refugiándonos en Él, dependiendo de Él y confiando en Él, entonces somos uno con Él para siempre. Fuimos uno con Él en la tumba, uno con Él la mañana de resurrección, uno con Él cuando se sentó a la diestra de Dios. Somos uno con Él ahora que está de pie, a la luz de la sonrisa de Su Padre. Ninguna duda ni depresión puede, en ningún momento, afectar ni alterar nuestra aceptación de Dios por medio de la sangre de Jesús, que es un hecho eterno.

Nuestra posición en Jesús es nuestro tesoro. Nuestras emociones, en el mejor de los casos, van y vienen. Deje de pensar en cómo se siente y edifique sobre la roca inamovible de lo que Jesús es, lo que ha hecho, está haciendo y hará por usted en el futuro.

Reflexión: *En tiempos difíciles, ¿cuánto confía en sus sentimientos en lugar de recordar quién es en Jesús?*

Dios demanda obediencia 10

«Si quisiereis y oyereis, comeréis el bien de la tierra; si no quisiereis y fuereis rebeldes, seréis consumidos a espada».
Isaías 1:19–20

A veces, una persona visita a un consejero espiritual y le dice: «No tengo gozo, y he experimentado muy poco en años».

El cristiano mayor y más sabio pregunta: «¿Alguna vez tuvo gozo?»

«Sí, por algún tiempo después de mi conversión a Dios».

De nuevo, el consejero hace una pregunta: «¿Recuerda algún tiempo en que se rehusó a obedecer algún mandamiento claro, alguna directriz de Dios que ignoró?»

Entonces baja la cabeza, se le llenan los ojos de lágrimas y la respuesta llega con dificultad: «Sí, hace años solía pensar que Dios requería algo de mí. Estaba seguro de que Dios me estaba llamando a hacer algo, pero no atendí al llamado. No hice lo que Él quería y estuve intranquilo por algún tiempo por eso. Sin embargo, después pareció que se desvanecía de mi mente y ahora rara vez me inquieta».

El cristiano maduro responde: «Amigo mío, allí es donde se ha equivocado, y no recuperará el gozo hasta que vuelva al punto donde dejó de obedecer. Vuelva a trazar sus pasos y termine esa única cosa que Dios requirió de usted hace tanto tiempo. Luego verá cómo se quita la carga».

¿No es esto la causa de depresión para miles de cristianos? Son hijos de Dios, pero son desobedientes con su Padre. La Biblia resuena con una gran demanda de obediencia. La frase clave del libro de Deuteronomio es esta: «Guarda y haz». La piedra angular del discurso de despedida de Cristo es: «Si me amáis, guardad mis mandamientos». No debemos cuestionar, responder ni excusarnos. No debemos escoger ni elegir nuestro camino. No tenemos que tomar algunos mandamientos y rechazar otros. No tenemos que pensar que la obediencia en unas áreas compensará la desobediencia en otras. Dios da un mandamiento a la vez y Él espera obediencia. Si obedecemos en todo el camino, Él inundará nuestra alma con bendiciones y nos guiará hacia delante, a nuevos senderos y pastos. Pero si nos rehusamos a atender el llamado del Maestro, permaneceremos estancados y anegados, con falta de poder y gozo.

Reflexión: *¿En qué áreas de su vida le es particularmente difícil obedecer totalmente a Dios? ¿Por qué cree que Dios nos llama a una obediencia completa?*

Sin pecados «pequeños» 11

«Lávame más y más de mi maldad,
Y límpiame de mi pecado». Salmo 51:2

Cuando el agua se deja reposar, las partículas de sedimento se dejan ver cuando caen, una por una, en el fondo. Por lo que, si usted está tranquilo, puede apercibirse de la presencia del mal que permite en su alma. Atrévase a considerarlo. No retire la mirada, como la persona que está en bancarrota evita su libro de contabilidad que lo delata, o cuando el paciente de tuberculosis evita el estetoscopio. Tranquilamente considere cualquier maldad que el Espíritu de Dios saca a luz. Podría haber estado escondida en los armarios y claustros de su ser por años, tenía la sospecha, pero no la consideró. Pero sea lo que sea, y sea cual sea su historia, tenga por seguro que eso le ha dado a su vida la sombra que causa intranquilidad y confusión.

¿Se rehúsa su voluntad a renunciar a una práctica o hábito que es contrario a la voluntad de Dios? ¿Hay alguna injusticia que se rehúsa a perdonar, alguna factura que se rehúsa a pagar, algún mal que se rehúsa a confesar? ¿Permite que algún pecado secreto tenga su camino expedito en su vida? Dios no ve nuestras faltas como grandes o pequeñas, mayores o menores. Cada transgresión nos separa de la armonía con la voluntad de Dios para nuestras vidas.

Reflexión: *¿Qué le vino a la mente cuando leyó esto? ¿Qué podría estarle impidiendo que tome las medidas que Dios quiere que tome?*

12 Viva por voluntad, no solamente por emociones

«Y el Dios de paz [...] os haga aptos en toda obra buena para que hagáis su voluntad, haciendo él en vosotros lo que es agradable delante de él». Hebreos 13:20–21

No tenemos control directo de nuestras emociones, pero tenemos control de nuestra voluntad. Dios nos hace responsables de lo que sentimos sino de lo que queremos. Además, a Sus ojos, no somos lo que sentimos sino lo que queremos. Por lo tanto, no vivamos en la glorieta de las emociones sino en la ciudadela central de la voluntad, totalmente rendida y dedicada a la voluntad de Dios.

Cuando estamos en comunión con el Señor, nuestra alma se inunda de emoción santa, las crecientes mareas de gozo se elevan y cada elemento de la naturaleza se une en la alabanza extasiada. Pero llega el día siguiente y debemos enfrentarnos con un difícil lugar de trabajo, la tienda deprimente, la fábrica ruidosa, o el taller con los incrédulos. Cuando el alma compara el gozo de ayer con la dificultad experimentada por el caminar con el Señor, se pregunta si es tan devota y dedicada como lo fue. Pero durante ese tiempo, cuán reconfortante es decir con confianza que la voluntad no ha alterado su posición ni un pelo. Podemos declarar: «Mi Dios, la marea primaveral de la emoción ha pasado como un arroyo de verano, pero en lo más profundo de mi corazón, en mi voluntad, sabes que soy tan devoto y tan leal a Ti como durante el bendito momento de comunión contigo». Esta es una ofrenda con la que Dios mucho se complace.

Reflexión: *¿Por qué es importante vivir de acuerdo a lo que queremos, no a lo que sentimos? ¿Qué hace que a veces esto sea difícil?*

13 Enfóquese en el corazón de Dios, no en el suyo

«Deléitate asimismo en Jehová». Salmo 37:4

La gente más saludable no piensa en su salud, pero la débil podría inducirse la enfermedad por la introspección morbosa. Es decir, si usted comienza a contar los latidos de su corazón, podría trastornar la acción rítmica del corazón. Si continuamente imagina un dolor en algún lado, es posible que usted lo produzca. De igual manera, hay algunos genuinos hijos de Dios que inducen su propia oscuridad por un auto examen morboso. Siempre vuelven a analizar sus motivos, preocupándose por transgresiones pasadas y volviendo a revivir decisiones de las que se han arrepentido.

Con toda certeza hay momentos en nuestras vidas que debemos examinar nuestro interior y examinar nuestro corazón. Pero esto sólo se hace para volvernos al Señor y rendirnos a Su voluntad para que su propósito sea completo en nosotros. Si Dios nos ha perdonado, es tiempo de seguir adelante. No debemos pasar toda nuestra vida limpiando nuestras ventanas ni pensando si están limpias; en lugar de eso, deberíamos deleitarnos en la luz del sol del gozo de Dios, que fluye abundantemente a través de esas ventanas. Esa luz pronto nos mostrará qué es lo que todavía hay que limpiar y la que nos permitirá limpiarla con una precisión infalible. Medite en su propio corazón solamente lo necesario para encontrar armonía con el corazón de Dios.

Reflexión: *¿Cuál es el equilibrio entre aceptar la responsabilidad por sus actos y «pasar por alto y seguir adelante»? ¿Piensa mucho en sí mismo y lo suficiente en Dios?*

14 El Espíritu Santo revela verdades profundas

«Hasta alcanzar todas las riquezas de pleno entendimiento, a fin de conocer el misterio de Dios». Colosenses 2:2

Hay cosas profundas de Dios, misterios, cosas escondidas de las que el apóstol Pablo habla frecuentemente. Los ojos del hombre natural no pueden discernirlas, ni su oído detectarlas, ni su corazón concebirlas. Más alto que las enormes alturas por encima de nosotros, o que los lagos insondables abajo, desafían al sabio y al prudente de este mundo. Pero son reveladas a los bebés, no en la tierra de luz y gloria, sino aquí y ahora, por medio de la gracia del Espíritu Santo. Dios nos las ha revelado por el Espíritu (véase Ef. 3:5). Jesús prometió que cuando viniera el Espíritu de Verdad, Él nos guiaría a toda la verdad y nos revelaría las cosas de Cristo.

¡Seamos alumnos aptos de un maestro tan trascendente! Estemos dispuestos y deseosos de recibir lo que el Espíritu revele, y aceptemos el misterio de lo que no nos revela.

Reflexión: *¿Qué misterios de la fe son particularmente confusos para usted? ¿Qué desearía que el Espíritu Santo le revelara que todavía no le ha revelado?*

15 Camine cuidadosamente, permaneciendo en Dios

«Andad en el Espíritu, y no satisfagáis los deseos de la carne». Gálatas 5:16

En el camino de la vida, tenga cuidado dónde pone los pies. Elija los caminos en medio de los peligros del mundo. Cíñase su túnica con cuidado, para que no se manche con la suciedad de la calle. Tenga cuidado con cualquier desvío que llevaría sus pasos lejos del camino angosto. Mire y ore. Especialmente, procure convertir cada momento en una oportunidad de progresar en la vida divina. Ponga atención a los momentos, y las horas pondrán atención a sí mismas.

Sin embargo, todos estos requerimientos nos confundirán y tropezaremos en el camino, a menos que los mezclemos con el pensamiento de que Dios quiere caminar con nosotros. Él dijo: «Habitaré y andaré entre ellos» (2 Co. 6:16). Permanezca en Dios, y Dios permanecerá en usted, juntos en cada paso y cada kilómetro del camino.

Reflexión: *Al recordar su vida, ¿qué «desvíos» ha tomado? Piense en cuánto le ama Dios y anhela acercarlo a Él, para guiarlo en su andar con Él. Pídale, sobre todas las cosas, que le dé un corazón deseoso por conocerlo más a Él.*

16 El amor y la fe son inseparables

«Por esta causa también yo, habiendo oído de vuestra fe en el Señor Jesús, y de vuestro amor para con todos los santos, no ceso de dar gracias por vosotros». Efesios 1:15–16

Cuando hay fe en el Señor Jesús, siempre habrá amor hacia todos los santos, porque la fe es la capacidad de tener a Dios en el corazón. La fe es la capacidad de recibir a Dios. La fe se apropia de la naturaleza de Dios, así como el pulmón extendido se apropia del aire de la montaña o como el niño se apropia del regalo del padre. La fe, como un canal angosto, transporta la llenura del océano de Dios hacia las lagunas de las necesidades humanas.

Por tanto, dondequiera que la fe conecta al creyente con el Señor Jesús, Su naturaleza comienza a fluir en el corazón que espera anhelante, y luego fluye hacia todos los santos. El amor de Dios no conoce ninguna secta favorita. No selecciona ninguna escuela especial. Como el sol y el viento de la naturaleza, respira y brilla del mismo modo en todo. Es cosmopolita y universal. No puede encerrarlo en las paredes de cualquier comunidad cristiana. Se ríe de sus restricciones y con igual gracia levanta testigos y líderes en todas partes de la iglesia. De esta manera, a medida que llegamos a ser más semejantes a Dios, nuestro amor supera todas las barreras para recibir a todos los santos y se desembolsa en el gran mundo de los hombres.

Reflexión: *¿Qué le enseña Dios acerca de la fe y el amor? ¿De qué manera está el amor de Dios en usted alcanzando a otras personas?*

La morada del Espíritu Santo 17

«Y os dará [...] el Espíritu de verdad, al cual el mundo no puede recibir, porque no le ve, ni le conoce; pero vosotros le conocéis, porque mora con vosotros, y estará en vosotros». Juan 14:16–17

No logramos reconocer muchas cosas, que son ciertas, en nosotros y en la naturaleza que nos rodea. Pero hay una razón por la que muchos cristianos siguen ignorando la presencia del Espíritu que vive en ellos: Él habita en lo profundo de nuestro ser. El Espíritu Santo habita en el interior de la vida del cuerpo, que es como la cortina de una carpa. Mora debajo del pensamiento y del sentimiento, del juicio y de la imaginación, en los extremos más profundos del alma.

Casi nunca vamos a los extremos más remotos de nuestro ser. Estamos satisfechos con vivir la vida superficial. Preferimos pasar rozando la superficie. Comemos, bebemos y dormimos. Satisfacemos los deseos de la carne y de la mente. Hacemos incursiones cortas en el reino de la moral, en el sentido del bien y del mal que es parte del maquillaje del hombre. Pero tenemos una relación tan ligera con la habitación más profunda y misteriosa del espíritu. Entonces, es por eso que la mayoría de los creyentes desconocen tanto al residente divino y maravilloso que mora en ellos. ¡Oh qué todos examinemos lo profundo de nuestros corazones y almas y veamos quién ha llegado a vivir allí!

Reflexión: *¿Qué impide que la gente escudriñe a fondo al Espíritu Santo y Su obra en sus vidas? ¿Cuánto se comunica usted con el Espíritu Santo?*

18 Acepte la paciencia de Cristo

«Mas tenga la paciencia su obra completa, para que seáis perfectos y cabales, sin que os falte cosa alguna». Santiago 1:4

La vida no es fácil para ninguno de nosotros. Ninguna rama se escapa de la podadora, ninguna joya de la rueda, ningún niño de la vara. La gente nos acosa e irrita casi más allá de nuestra capacidad de resistencia. Las circunstancias nos presionan hasta que las cuerdas de nuestro corazón amenazan con romperse. La prisa y competencia de nuestra época le exige demasiado a nuestro sistema nervioso. Sería un eufemismo decir que necesitamos paciencia.

Tenemos que orar por la ayuda de Dios para que nunca nos complazcamos con la crítica cruel y desconsiderada de otros; que nunca emitamos la palabra apresurada ni permitamos la respuesta cortante; que nunca nos lamentemos, excepto con Dios; y que nunca permitamos pensamientos afanosos y desconfiados de los demás que de nosotros mismos; que detectemos un espacio brillante en el cielo nublado; que estemos vigilantes cuando seamos tentados hacia la amargura y la traición.

No podemos tener esa clase de vida si no hemos aprendido a aprovechar las riquezas del Cristo que mora en nosotros. Nuestro Padre celestial nos pide que demostremos paciencia y templanza en todas las cosas, y solamente a través de Él es que podemos hacerlo.

Reflexión: *¿En qué áreas particularmente necesita paciencia? Pídale a Dios que lo ayude a desarrollar resistencia y paciencia.*

Los cristianos guerreros deben buscar la paz

19

«Y calzados los pies con el apresto del evangelio de la paz».
Efesios 6:15

Sin duda hay una referencia en estas palabras a la visión de Isaías de los mensajeros, que, con hermosos pies, se apresuran por las montañas para proclamar las alegres nuevas del evangelio. Pero existe el pensamiento adicional de que los que llevan el evangelio de paz sus pasos deben ser suaves y delicados.

Si el evangelio de paz es nuestro mensaje, la paz de Dios debería adornar nuestra cara con una calma santa, respirar por medio de nuestros labios como una bendición, y difundirse como el rocío del Señor sobre los lugares de rivalidad y odio humano. La bienaventuranza de los pacificadores debería ser nuestra. Nuestro andar debería ser solamente en los senderos de paz, excepto cuando la trompeta de Dios claramente nos llame a pelear en contra de los pecados e injusticias. Como exhortó el apóstol Pablo: «Si es posible, en cuanto dependa de vosotros, estad en paz con todos los hombres» (Ro. 12:18). Entonces, sigamos las cosas que promueven la armonía y, de esta manera, seamos ejemplo para todos los que desean la paz.

Reflexión: *Piense en lo que significa vivir en paz con todos los que lo rodean. ¿De qué maneras podría, con la ayuda de Dios, mejorar en esta área?*

20 Acepte el perdón de Cristo

«Os escribo a vosotros, hijitos, porque vuestros pecados os han sido perdonados por su nombre». 1 Juan 2:12

Después que se firmó el acuerdo de paz entre el Norte y el Sur en la Guerra Civil de los Estados Unidos, los soldados todavía se escondían en los bosques, y casi murieron de hambre de sólo comer bayas. Estos mismos soldados podrían haber vuelto a sus hogares. No sabían, o no creían, las buenas noticias, por lo que siguieron pasando hambre mucho después de que sus camaradas habían sido recibidos por sus esposas e hijos. Aunque habían sido derrotados, su falta de conocimiento o de fe, no alteró el hecho de que la paz había sido proclamada y que la puerta estaba ampliamente abierta para su retorno.

Cuando una persona confía en Cristo nace en la familia de Dios y se convierte en hijo. No hay duda en esto. Aunque sus emociones estén frágiles, se lamente de fracasos recientes, y se sienta bajo un manto de profunda depresión. Sin embargo, si ha recibido a Cristo y confía verdaderamente en Él, ha nacido de nuevo. Es posible que sea un hijo pródigo o caprichoso, pero aun así sigue siendo hijo del Padre amoroso y afable. Disfrute de la relación legítima que tiene con Dios. Tome su lugar de hijo en la mesa del Padre y disfrute Su sonrisa.

Reflexión: *¿Hay algo que le impida recibir el perdón de Dios y el abrazo acogedor? Agradezca a Dios por su disposición a perdonarlo y cuidarlo como Su hijo.*

Cimiente su fe en la fidelidad de Dios

21

«Fiel es Dios, por el cual fuisteis llamados a la comunión con su Hijo Jesucristo nuestro Señor». 1 Corintios 1:9

Si nuestra fe está depositada en la promesa de vida eterna que hizo nuestro Salvador Jesucristo, no dependemos de la expiación, sino en Él que la hizo; no ponemos nuestra confianza en la muerte, sino en Él que murió; tampoco en la resurrección, sino en Aquel que se levantó de los muertos; no la depositamos en las afirmaciones acerca de Él, sino en Él, de quien se hacen.

La fe que coloca la mirada en Jesús es la fe correcta. Podría ser tan débil como la mujer que extendió su mano para tocar el borde del manto de Jesús. Quizá no toque trompeta anunciándose o sea pequeña e insignificante como un grano de mostaza. Podría ser tan desesperante como el grito de Pedro: «¡Señor, sálvame!» (Mt. 14:30). Pero si su anhelo más profundo es: «¡Cristo, ayúdame!», será librada del pozo profundo, donde estuvo agobiada, y saldrá a la libertad.

La fe genuina confía en Dios. Él es absolutamente fiel, fiel a Su pacto en Cristo, fiel a Sus promesas, y fiel con las personas que, a Su llamado, han salido en cualquier empresa para Él. Quizá nos demos por vencidos y perdamos las esperanzas, estemos perplejos y desalentados; el ser amado y el amigo puede distanciarse, las voces burlonas de nuestros enemigos podrían sugerir que Dios nos ha olvidado y desamparado. Pero Él permanece fiel. Dios no se olvidará de sus hijos. Él no puede hacer a un lado las responsabilidades que asumió, que ha creado y que tiene que afrontar.

Muchas veces he buscado a Dios con grandes necesidades, agravadas por la depresión nerviosa y el desconsuelo, y he dicho: «Mi fe está vacilando y estoy perdiendo las esperanzas. Pero Tú eres fiel, y cuento contigo». No se inquiete por su fe, cuente con la fidelidad de Dios. Si Él le pide que camine sobre el agua, Él sabe que puede guiarle de vuelta a la barca.

Reflexión: *¿Cómo le ha mostrado Dios Su fidelidad en el pasado? ¿Cómo podría ejercitar su fe en la fidelidad de Dios ahora?*

Sirva al único Maestro verdadero

22

«Ninguno puede servir a dos señores; porque o aborrecerá al uno y amará al otro, o estimará al uno y menospreciará al otro. No podéis servir a Dios y a las riquezas». Mateo 6:24

Nuestro Señor usa dos palabras importantes, riqueza y servir, que es el sometimiento del esclavo a los antojos del dueño. Nuestro Señor pone en yuxtaposición a los dos amos (Dios, el Padre benefactor, y las riquezas) y dice que todos tendremos que escoger entre los dos. Cualquiera que usted elija servir llegará a ser la fuerza dominante en su vida, y no tendrá otra opción que obedecer a uno de los dos.

Observe el riesgo del cristiano que cae bajo la influencia de la avaricia, lo que Pablo llama idolatría (véase Col. 3:5 y Ef. 5:5). Al final del proceso, sea largo o corto, renunciaremos totalmente al servicio de Dios y nos convertiremos en esclavos de la producción de dinero. La relación más leve con los círculos comerciales da evidencia de la tiranía de las riquezas, que apremia a sus esclavos para afanarse día y noche; demanda el sacrificio del amor y la salud, del disfrute del hogar y del placer natural; insiste en que todo interés estará subordinado a su servicio absorbente; y al final de la vida lanza a sus devotos, quebrados y pobres, a la orilla de la eternidad. No tomemos esta decisión a la ligera, porque la enfrentamos casi todos los días. Y lo que decidamos tendrá repercusiones para toda la eternidad.

Reflexión: *¿Por qué el dinero puede llegar a ser un ídolo tan fácilmente? ¿A quién o a qué sirve?*

23 ¿Somos luz o tinieblas?

«Humillaos pues [...] echando toda vuestra ansiedad sobre él, porque él tiene cuidado de vosotros». 1 Pedro 5:6–7

Cuando los hombres del mundo ven las caras de los que profesan ser hijos de Dios, y las ven oscuras, con las mismas sombras que se arrojan en las propias, bien pueden preguntarse qué clase de Padre es Él. Lo que sea que un hombre profesa, no podemos evitar juzgarlo por las caras de sus hijos. Y si se juzga a Dios por el reporte inconsciente que algunos de sus hijos hacen de Él, las cosas más duras que sus enemigos han dicho de Él no están lejos de la verdad.

Bajo esas circunstancias, el incrédulo puede sostener apropiadamente «O no hay Dios, o es impotente para ayudar a los que dice amar, o no le importan las necesidades de sus hijos. ¿De qué me serviría la religión?» Podemos ser un faro de luz que da señales de advertencia o uno de refugio; podemos repeler o acercar a que otros vengan a Cristo. Lo que en verdad somos depende de cómo lidiamos con nuestras cargas.

Cualquiera que sea la carga que el Señor le haya dado, devuélvasela. Así como alguna vez trató la carga del pecado; arrodíllese y entréguesela a Jesús. Dígale: «Señor, te confío estos problemas. Yo no puedo llevarlos; te los entrego todos para que los dirijas, ajustes y arregles. Tú has llevado mis pecados; y ahora toma mis ansiedades». A medida que encontramos paz en medio de la dificultad, otros sabrán que Dios es fiel y digno de confianza.

Reflexión: *¿Qué cargas necesita entregarle a Dios? ¿De qué mejor manera puede darles esperanza a otros en medio de la adversidad?*

Una vida santa: nuestra obra máxima para Dios

24

«Así que, somos embajadores en nombre de Cristo».
2 Corintios 5:20

Ser implica obrar. La mayor obra que podemos hacer para Dios y el hombre es actuar conforme a Cristo. La influencia de una vida santa es nuestra contribución máxima hacia la salvación y bendición del mundo. Aunque usted no pueda predicar, enseñar o dedicarse a alguna esfera del servicio cristiano, no se sienta menos si «sólo» vive de acuerdo con la voluntad de Dios. Durante treinta años, nuestro Señor estuvo complacido con vivir una vida santa, como el Cordero de Dios sin defecto ni mancha. Su obra más grande en el mundo no fue sólo dar Su vida en rescate por nosotros, sino vivir Su vida de tal manera que pudiera dejarnos un ejemplo, para que siguiéramos Sus pasos.

Parece que demasiados cristianos piensan que el propósito principal en la vida es dedicarse a una esfera de servicio visible, mientras abandonan el desarrollo de su carácter personal casi al azar. En realidad, nuestro pensamiento y preocupación principal debería ser que Cristo sea formado en nosotros y que sea revelado en cada mirada y gesto, palabra y hecho. De eso saldrá a luz de manera natural y feliz nuestro servicio cristiano. La mejor obra es la que surge de la simplicidad y belleza de nuestro testimonio en amor y verdad.

Reflexión: *¿Por qué tantos cristianos pasan por alto asuntos del carácter personal? Pídale a Dios que le revele cualquier área de pensamiento o acción que estén dificultando su servicio a Él.*

25 Cómo descubrir la fortaleza genuina

«Éstos confían en carros, y aquéllos en caballos; Mas nosotros del nombre de Jehová nuestro Dios tendremos memoria».
Salmo 20:7

No hay límite del poder espiritual que podemos recibir y ejercer. Se dice de los gaditas que llegaron a David, cuando estaba en la fortaleza, que el más pequeño era igual a cien y el mayor a más de mil (véase 1 Cr. 12:14). Y esto podría ser típicamente cierto de cada uno de nosotros. Podríamos, al igual que Miqueas, estar «Llenos del poder del Espíritu de Jehová, y de juicio y de fuerza» (Miq. 3:8).

Sin embargo, hay una condición preliminar que debemos cumplir. Debemos ser lo suficientemente débiles, dispuestos a renunciar al uso de esas fuentes de éxito de las que otros se jactan. Debemos estar contentos con que el aguijón en la carne, o la prueba del río, o la lucha en el vado de Jaboc, nos revele nuestra impotencia absoluta. En resumen, tenemos que saber y hacer saber que descansamos en el poder de Cristo. Cuando seamos débiles, seremos fuertes.

Reflexión: *¿Por qué es tan contrario a nuestra naturaleza (y especialmente en este día y época) admitir nuestra debilidad y dependencia de alguien aparte de nosotros mismos? ¿Por qué quiere Dios que usted confíe completamente en Él y no en nada ni nadie más?*

Promueva la vida pacífica

«Y la paz de Dios gobierne en vuestros corazones».
Colosenses 3:15

Dios es el centro de paz, y de Él emana la paz que llega a todos los que en el confían. Oiga las palabras que Jesucristo dice: «Paz a vosotros» (Lc. 24:36) y permita que Él respire en usted el espíritu de tranquilidad con por Su palabra: «Recibid el Espíritu Santo» (Jn. 20:22). Deje que esa paz guarde la puerta de su corazón.

Promueva la paz con todos los hombres. Transmita siempre una tranquilidad serena en su corazón y una mirada plácida en su cara. Que no haya una nota irritante o exasperada en su voz. Que todos sus movimientos sean consecuentes con el ritmo de la perfecta paz de Dios. Y luego, en la noche, después de haber hecho todo, con su conducta, palabras y comportamiento, para infundir paz en este mundo atormentado, regrese a los brazos de su Padre, como un niño que estuvo en la escuela todo el día entre compañeros rudos, pero que con gozo llega a casa en la noche. Sumerja su alma cansada en la infinita paz de Dios y cuéntele todas las ansiedades que le afectan a usted y a otros. Encuentre abrigo en la presencia protectora de Dios, que le permitirá seguir adelante otra vez mañana en una misión similar. De esta manera, usted derramará la paz del cielo sobre las penas y los problemas de la Tierra.

Reflexión: *¿Qué ansiedades lo preocupan ahora? Dígaselas a Jesús. Deje que su paz lo llene y lo capacite para darle paz a otros.*

27 Dios lleva nuestras cargas fielmente

«En el día que temo, Yo en ti confío». Salmo 56:3

¿No va a ser nuestro Señor Jesús, por lo menos, tan verdadero y fiel como el mejor amigo terrenal que hayamos tenido? Todos tenemos épocas en las que estamos tan cansados o atribulados como para ayudarnos a nosotros mismos; pero afortunadamente podemos darle nuestra ansiedad a nuestro amigo fuerte y digno de confianza, que con gusto llevará nuestra carga.

Claro, hay unas cuantas condiciones que debemos cumplir antes de poder dejarle nuestros problemas a Jesús con perfecta confianza. Debemos vaciarnos de nuestros pecados en Él antes de entregarle nuestras preocupaciones. Tenemos que estar en paz con Dios antes de tener la paz de Dios por medio de Su intervención misericordiosa por nosotros. También tenemos que estar viviendo de acuerdo al plan de Dios, obedeciendo Sus leyes, y ejecutando Sus planes en tanto que los sepamos. También tenemos que alimentar nuestra fe con las promesas de Dios porque este alimento es esencial para que prospere. Al atender estas cosas, con perfecta certidumbre podemos confiar en Jesús para que aligere nuestra carga y cargue con nuestras preocupaciones.

Reflexión: *¿Qué preocupación, ligera o pesada, podría darle a Dios ahora? ¿Está cumpliendo con las condiciones que el autor mencionó aquí?*

Cultive la sinceridad con Dios

«Espera en Jehová, y guarda su camino». Salmo 37:34

Desde que los doctores me prohibieron usar mis ojos para leer cuando viajo en tren, he aprendido algunas lecciones maravillosas. Sentado tranquilamente en el vagón, he buscado unirme con Dios, no pidiéndole que me ayude, sino preguntándole si yo puedo ayudarlo. No busco su aprobación a mis planes e intenciones sino busco permiso para participar en Sus planes e intenciones. Ha sido una experiencia fructífera; veo cómo es posible cultivar la presencia de Dios y procuro conocer Su corazón.

Debemos cultivar esta sinceridad de corazón con Dios. No debe haber mentira en nuestra vida, falta de transparencia, encubrimiento ni ocultación. Todos los secretos del corazón y la vida deben ponerse al descubierto delante de Él. Tenemos que evitar cualquier intento de parecer más o mejor de lo que somos. Y antes de que demos, oremos o ayunemos, tranquilamente tenemos que revelar el alma a Dios, silenciar cada voz, filtrar cualquier interferencia. De esta manera, la sonrisa de Dios llegará a ser el objeto supremo de nuestro esfuerzo, a medida que nos exhortamos diciendo: «Alma mía, espera solamente en Dios, porque mi esperanza es de Él».

Reflexión: *¿Está tratando de tener alguna parte de su vida en secreto porque es pecaminosa? ¿Está su corazón abierto delante de Él? Piense en las actitudes de su corazón y mente y pídale a Dios que cultive en usted un sentido más profundo de Su presencia.*

29 Dios camina con usted en la adversidad

«Ciertamente llevó él nuestras enfermedades, y sufrió nuestros dolores». Isaías 53:4

Está pasando por un tiempo de pena profunda. El amor en el que confiaba de repente le ha fallado y se secó como un arroyo en el desierto, una corriente en disminución, que se convierte un estanque poco profundo y por último se seca. Tal vez los ahorros de su vida de repente han desaparecido. En lugar de ayudar a otros, a usted tienen que ayudarlo. Tal vez le han quitado abruptamente su trabajo y con él su ingreso. Podría ser que su salud esté mal y la angustia de anticipar el futuro es casi insoportable. En otros casos, podría haber pena de pérdida por una relación que se rompe o de incluso la muerte.

Durante esos tiempos, la vida parece casi insoportable. ¿Será cada día tan largo como este? ¿Es posible que las lentas horas vuelvan a apresurar su paso? ¿Recuperará la vida su gozo y agilidad? ¿Se ha olvidado Dios de usted en su momento de necesidad?

Jesucristo caminó por este camino difícil y dejó rastros de Su sangre en sus escalones. Los apóstoles, profetas, confesores y mártires han pasado por el mismo camino. Es consolador saber que otros han pasado por el mismo valle oscuro y que las grandes multitudes que se paran delante el Cordero, con palmas de victoria, salieron de la gran tribulación. Donde ellos estuvieron, usted podría estar ahora; y por la gracia de Dios, donde ellos están usted estará.

Reflexión: *¿Se siente solo a veces en medio de la dificultad? Pídale a Dios que se le revele y le asegure que no está solo en tiempos de aflicción.*

Usted ha resucitado con Cristo 30

«Si, pues, habéis resucitado con Cristo, buscad las cosas de arriba, donde está Cristo sentado a la diestra de Dios». Colosenses 3:1

Alguien dirá: «¡Sí, ahí está el problema! Me temo que eso no es cierto de mí. Mi vida es pecaminosa y dolorosa. No hay campanas de resurrección en mi alma, no hay comunión de gozo con el Señor resucitado, no hay victoria sobre las fuerzas oscuras y hostiles». Pero si es discípulo de Cristo, puede afirmar que efectivamente ha resucitado con Él. Con Cristo fue colocado en la tumba, y con él ha resucitado y ha triunfado sobre el pecado y la muerte. La iglesia, todos los que creemos en el Señor Jesucristo, hemos pasado a la luz del amanecer del día de Resurrección.

Depende de nosotros que comencemos desde este momento a actuar como si fuera una experiencia consciente, y a medida que nos atrevamos a hacerlo, tendremos la experiencia. Comprenda que Cristo es su vida, ¡Él está vivo en usted! Asegúrese de que nada impida el resultado de Su gloriosa morada. Entonces viva con el pleno conocimiento de que es parte de la victoria de Cristo.

Reflexión: *Aunque no sintamos que hemos resucitado con Cristo, ¿por qué es importante que conscientemente vivamos con la seguridad de que lo hemos hecho? ¿Qué significa «buscar las cosas de arriba»?*

31 Combata el mal con el poder de Dios

«Porque no tenemos lucha contra sangre y carne, sino contra principados, contra potestades, contra los gobernadores de las tinieblas de este siglo, contra huestes espirituales de maldad en las regiones celestes». Efesios 6:12

Estamos sentados con Cristo más allá del poder del enemigo, pero todavía nos asedia en nuestra experiencia diaria. La oscuridad del mundo es el velo debajo del cual los espíritus malignos y poderosos se oponen al Señor. ¿Quiénes somos para esperar prevalecer, ya sea en nuestras propias tentaciones o en nuestros esfuerzos por desalojarlas de las voluntades humanas, si no hemos aprendido a ser capacitados por el Señor y en la fortaleza de Su poder?

Jesús ha llegado a ser, por medio del hecho poderoso de Su ascensión, el almacén de fuerza espiritual, que ha demostrado ser más que una contraparte para todo el poder y artimañas de Satanás. Jesús tiene en sí mismo una abundancia de poder espiritual, un poder que a la larga resultará en la atadura de Satanás y la destrucción de su reino. Ese poder todavía no ha sido aplicado totalmente, sin embargo, está en Él y está disponible para nosotros. Podemos ser fortalecidos «en el Señor, y en el poder de su fuerza» (Ef. 3:16; 6:10).

Reflexión: *¿Por qué todos necesitamos el poder de Dios para enfrentar el poder de Satanás? ¿Qué conlleva el recibir el poder del Señor, aprovechando su «almacén» de poder espiritual?*

Guarde su mente

32

«Poned la mira en las cosas de arriba, no en las de la tierra». Colosenses 3:2

La cruz de Jesús está entre usted y la constante atracción del mundo, como cuando los vecinos de Cristiano en *El progreso del peregrino* trataban de inducirlo a que regresara a la Ciudad de Destrucción. Esto no significa que tenemos que ser indiferentes a todo lo que es bueno y bello en la vida que Dios nos ha dado; significa que la cruz es para separarnos de todo lo que es egoísta, sensual y seductor de la carne, los deseos de los ojos y la vanagloria de la vida (véase 1 Jn. 2:15-17).

El libro de Proverbios declara: «Porque cual es su pensamiento en su corazón, tal es él» (23:7). En muchos de nosotros, hay poco intento de guardar nuestros pensamientos. La puerta de nuestro corazón está abierta, sin que haya alguien que controle el ingreso o egreso de la multitud de pensamientos que continuamente pasan por allí. Si solamente le pidiéramos al Espíritu Santo que controlara nuestros pensamientos, para que pudiéramos pensar solamente las cosas que son verdaderas y de buena descripción, un cambio maravilloso llegaría a nuestra vida.

Reflexión: *¿Por qué es fácil racionalizar nuestros pensamientos y no cuidar lo que ponemos en nuestras mentes? ¿Cómo han afectado su vida sus pensamientos, para bien o para mal?*

33 Disciplínese a la luz de la verdad de Dios

«Estad, pues, firmes, ceñidos vuestros lomos con la verdad». Efesios 6:14

Para los cristianos hay una fuerte obligación de estar directamente en frente del espejo de la verdad. Este espejo refleja la imagen de Cristo, la luz que ilumina la conciencia, las obras ocultas y los pensamientos más profundos de cada persona. No hay una prueba más severa o más directa que esta. Con una exactitud infalible, descubriremos nuestro verdadero ser cuando lleguemos a estar cara a cara con Él.

Si hay alguna desviación, irregularidad o inconsistencia, se revelará inmediatamente. Ninguna distorsión de la vida interna puede escapar la detección o condenación ante la verdad de la inspección de Cristo. Ojalá que todos tuviéramos la costumbre de someternos a ese escrutinio fiel, no sólo con los asuntos más grandes sino con todos los detalles más pequeños de nuestras vidas.

En el nombre y por el poder de Jesús, dejemos todo lo que ha demostrado ser inconsecuente con Su carácter y afirmaciones y sometamos todo a Su control. Nos costará algo. Es posible que tengamos dificultades con nuestro juicio, distorsionado y lacerado por nuestro autofavorecimiento. Es posible que tengamos que contender con nuestra voluntad y que no estemos dispuestos a firmar la garantía de muerte de algún hábito de nuestra predilección. En nuestros momentos más altivos, es posible que nos sintamos singularmente impotentes de llevar a cabo lo que sabemos que es nuestro único plan de acción seguro y bendecido. Pero seremos felices si nos atrevemos a alcanzar las túnicas de la autoindulgencia que se arrastran y las sujetamos con el cinturón de la verdad inexorable y la pureza.

Reflexión: *¿Qué tan familiarizado está con las verdades de Dios que se revelan en la Biblia? ¿Qué significa exactamente mantener su vida en «el espejo de la verdad de Cristo»?*

34 Jesús camina con nosotros a través del sufrimiento

«Y he aquí yo estoy con vosotros todos los días, hasta el fin del mundo». Mateo 28:20

El dolor es un crisol para el refinador. Puede ser ocasionado por el descuido o la crueldad de otra persona, por circunstancias sobre las cuales el que sufre no tiene control, o como el resultado directo de alguna hora oscura en el pasado lejano. Pero ya que Dios ha permitido que suceda, debe aceptarse como Su designación y considerar que es el horno por medio del cual Él explora, prueba, investiga y purifica el alma. El sufrimiento nos purifica como el fuego lo hace con los metales. Pensamos que somos íntegros con Dios hasta que se nos expone al fuego purificador del dolor. Entonces descubrimos, como lo hizo Job, cuánta escoria hay en nosotros y cuán poca paciencia genuina, resignación y fe tenemos.

Durante el dolor el consuelo está cerca, «fortaleza en el día de la angustia» (Nahúm 1:7). Él se sienta a la par del crisol, como un refinador de plata, regulando el calor, observando cada cambio, esperando pacientemente para que la escoria salga a flote y Su propia cara se refleje en un metal claro y traslúcido. Ningún amigo terrenal puede pisar el lagar con usted, pero el Salvador está allí. Su ropa está manchada con la sangre de las uvas de su dolor. Atrévase a repetirlo frecuentemente, aunque no lo sienta y aunque Satanás insista en lo contrario: «Jesús, estás conmigo». Diga esto una y otra vez y llegará a estar consciente de que Él efectivamente está con usted.

Reflexión: *¿Por qué a veces no creemos que Jesús está con nosotros en tiempos difíciles? ¿Cómo refinan nuestra fe el sufrimiento y el dolor?*

La guía y el consuelo del Espíritu Santo

35

«Mas el Consolador, el Espíritu Santo [...] él os enseñará todas las cosas, y os recordará todo lo que yo os he dicho». Juan 14:26

Debe entender que como usted es de Cristo, el bendito Consolador también es suyo. Está dentro de usted como estuvo dentro de su Señor. En la medida en que viva en el Espíritu, camine en el Espíritu y le abra toda su naturaleza a Él, estará iluminado con la luz de Su gloria. Y a medida que comprenda que está en Él, se dará cuenta de que siempre está en Él. De esta manera, el apóstol amado escribió: «En esto conocemos que permanecemos en él, y él en nosotros, en que nos ha dado de su Espíritu» (1 Jn. 4:13).

Quizás diga: «Sé que el Espíritu está dentro de mí, pero muy ocasionalmente experimento Su poder, guía y consuelo. ¿Por qué?».

Es porque su vida está tan apresurada. No toma el suficiente tiempo para meditación y oración. El Espíritu de Dios no puede ser discernido cuando el corazón está ocupado con ansiedades, el pulso late rápidamente o el cerebro está lleno de pensamientos preocupantes. Es cuando el agua está quieta que se pone traslúcida y revela la playa de piedras que hay abajo. Quédese quieto y sepa que Dios está dentro de usted y alrededor de usted. En el silencio del alma, lo que no se ve llega a ser visible y lo eterno real. Que ningún día pase sin esperar silenciosamente delante del Señor y sin dejar que Su Espíritu se le revele.

Reflexión: *¿Qué le impide pasar más tiempo en tranquilidad y a solas para que el Espíritu le pueda hablar? ¿Cómo podría dedicar más tiempo para escuchar la voz del Espíritu?*

36 Un asunto de prioridades

«Mirad, y guardaos de toda avaricia; porque la vida del hombre no consiste en la abundancia de los bienes que posee».
Lucas 12:15

Los hombres frecuentemente están más ansiosos de recibir la ayuda de Dios en asuntos temporales que en asuntos espirituales. El hombre de la multitud que apeló a Cristo estaba más ansioso de que interviniera por él en una disputa familiar, de que le diera la vida de los siglos (véase Lc. 12:13). Pero nuestro Señor se rehusó a ser el juez o árbitro. Su ministerio llegó más profundo, a la fuente de la acción, y sabía que en cada hermano estaba la raíz de la codicia, que llevaba de un mal a otro. Atacó al pecado que estaba en la raíz de todas esas disputas en cuanto a propiedades.

Nuestro Señor insistió en que la vida no consiste en la abundancia de cosas que podríamos poseer. Decimos: «¡Esa persona vale un millón de dólares!». El cielo calcula un valor individual por el valor, la fe, la pureza, el autocontrol y el amor hacia Dios y el hombre, que se han desarrollado con la disciplina de los años. La aceptación y la categoría en el reino de Dios dependen del carácter, no de las posesiones. ¡Cuán a menudo el hombre propone y Dios dispone!

Si realmente quiere ver la vida y tener días felices, grabe estas palabras en su mente: «Mas buscad el reino de Dios, y todas estas cosas os serán añadidas... Porque donde está vuestro tesoro, allí estará también vuestro corazón» (Lc. 12:31, 34).

Reflexión: *¿Qué es lo más importante para usted? ¿En qué difiere lo que Dios dice que es importante, de lo que mucha gente ahora valora?*

Sea puro de corazón

37

«Bienaventurados los de limpio corazón, porque ellos verán a Dios». Mateo 5:8

Ver la cara del rey era la ambición de los cortesanos y súbditos leales en la antigüedad, cuando la Reina de Saba dio la enhorabuena a los sirvientes de Salomón porque siempre podían estar parados frente a él. Para Absalón, la peor señal de deshonra fue que no se le permitiera ver la cara del rey, su padre.

Este es el pensamiento que probablemente está por debajo de la bienaventuranza que se cita más arriba. Solamente el puro de corazón puede estar en el círculo más íntimo, ser examinado por esos ojos que son tan puros como para ver el pecado. Sólo las prendas sin mancha pueden pasar revista en el salón del trono del Supremo. Esta verdad fue representada en la pureza de limpieza corporal que prevalecía en el antiguo tabernáculo, y sigue siendo cierto que ningún hombre impuro puede ver al Señor. Si usted y yo vamos a morar en el lugar secreto del Altísimo, si vamos a morar en la casa del Señor todos los días de nuestra vida, tenemos que ser puros de corazón.

Reflexión: *¿Es puro de corazón? ¿Por qué sí, o por qué no? ¿Si estuviera parado ante Dios ahora mismo, qué diría Él?*

38

Imite el amor sacrificial de Cristo

«Y andad en amor, como también Cristo nos amó, y se entregó a sí mismo por nosotros». Efesios 5:2

Tenemos que imitar el amor de Dios en Cristo. Es el amor que da, que no estima ningún costo demasiado y que, al sacrificarse por otros, ofrece todo a Dios y hace todo por Él. Así fue el amor de Jesús, dulce para Dios como la fragancia de los campos del césped recién podado de primavera. Este debe ser nuestro modelo. Tenemos que amar, no sólo a los que nos aman, sino a los que odian. Cada vez que nos sacrificamos por el amor de Cristo, entramos al significado del sacrificio del Calvario y el aire lleva una fragancia dulce a Dios.

Reflexión: *¿Hay alguien a quien le cuesta amar? ¿Cómo respondería a esta persona si imitara el amor de Dios en Cristo?*

«Sed llenos del Espíritu». Efesios 5:18

Charles Spurgeon dijo una vez que nunca pasaba un solo cuarto de hora en su caminar sin una conciencia notable de la presencia del Señor. Cuando el Espíritu llena el corazón, Jesús está lúcidamente real y evidentemente cerca. ¿Qué es Él para usted? ¿Se despierta en la mañana bajo Su toque suave y pasa las horas con Él? ¿Puede frecuentemente retirar la vista de su trabajo y percibir Su cara? ¿Está buscando constantemente de Él poder, gracia y dirección?

El mandato de «sed llenos del Espíritu» es tan abarcador en su demanda como «Maridos, amad a vuestras mujeres» (Ef. 5:25), que se encuentra en la misma página. Es un mandamiento para nuestro beneficio. Todos los mandamientos de Dios confieren poder y capacitan. En otras palabras, Él está preparado para hacernos llegar a lo que nos dice que debemos a ser. En el día de Pentecostés, el apóstol Pedro dijo a las multitudes que escuchaban que la llenura que repentinamente les había llegado del Señor ascendido no era solamente para ellos ni para sus hijos, sino para todo el que estuviera lejos, incluso para los que el Señor llamaría.

¿Es usted uno de Sus llamados? Entonces, ¡alégrese porque esa llenura es para usted! Reclame la porción prometida y agradézcale a Dios por que le tocó vivir en una época de tantas posibilidades maravillosas.

Reflexión: *¿Qué significa ser lleno del Espíritu? ¿Cómo podemos experimentar la llenura del Espíritu Santo en nuestras vidas?*

40 No descuide la guía de la Biblia

«¡Cuán dulces son a mi paladar tus palabras! Más que la miel a mi boca. De tus mandamientos he adquirido inteligencia; Por tanto, he aborrecido todo camino de mentira».
Salmo 119:103–104

Algunas personas sinceras han amplificado la luz interna y la guía del Espíritu Santo al punto de descuidar Su Palabra, la cual todavía obra en los corazones. Este es un gran error y la causa de muchos males. Tan pronto como hacemos a un lado la Palabra de Dios, quedamos vulnerables a la súplica de las muchas voces que hablan dentro de nuestros corazones, y no tenemos prueba, criterio de la verdad, ni pauta de apelación. ¿Cómo podemos conocer al Espíritu de Dios si nuestro juicio no está profundamente empapado de la Palabra de Dios?

No debemos estar satisfechos con el Espíritu sin la Palabra, ni con la Palabra sin el Espíritu. Nuestra vida debe viajar por estos dos, como la locomotora a lo largo de los rieles. La Palabra es el órgano escogido del Espíritu, y solamente con nuestro contacto dedicado con él estaremos capacitados para detectar Su voz.

Necesitamos un amplio avivamiento del estudio bíblico. Los que obedecen al llamado, y se ponen a estudiarla diligentemente, pronto estarán conscientes de la llenura del Espíritu.

Reflexión: *¿Por qué es el estudio bíblico tan importante en la vida del cristiano? ¿Cuál es la relación que hay entre la Palabra de Dios y la obra del Espíritu Santo?*

Use su influencia bien y sabiamente

41

«Así alumbre vuestra luz delante de los hombres, para que vean vuestras buenas obras, y glorifiquen a vuestro Padre que está en los cielos». Mateo 5:16

Lo que somos afecta a los demás mucho más profundamente que lo que decimos. Olas de influencia espiritual continuamente salen de nuestra naturaleza más profunda, y es el impacto de estas en los que nos rodean lo que facilita, o dificulta, que se den cuenta de sus ideales más altos.

El primer círculo que podemos tocar e influir es el de nuestros amigos. Nuestro consejo podría ser dulzura o amargura, pero lo que hagamos o digamos, tenemos que ver que seamos completamente genuinos y fieles (véase Pr. 27:69). Sinceridad quiere decir estar sin la cera que el ebanista puede poner en las rajaduras de la madera para que se vea en buen estado. Es la persona genuina y pura que ayuda a otro con facilidad y muy efectivamente. No sea egoísta en su amistad, sino siempre dé tanto y más de lo que espera recibir.

El segundo círculo de influencia es el de nuestros compañeros y conocidos. El gran mundo de los hombres quizás no aprecie nuestra reproducción de las *Bienaventuranzas* del reino, sino es posible que reproche, persiga y diga toda clase de mal falsamente. Sin embargo, tenemos que continuar bendiciendo al mundo con la influencia silenciosa y misericordiosa de un vivir santo. Es maravilloso cómo el amor y la influencia constante y de oración finalmente prevalecen. La inconstancia y la cobardía son como el almud que se pone encima de la lámpara. Dejemos todos esos obstáculos para que la luz que tenemos adentro pueda brillar en el mundo oscuro.

Reflexión: *¿Qué clase de influencia tiene en sus amigos y conocidos? ¿Qué podría estar obstaculizando que usted sea la luz del mundo que Dios lo ha llamado a ser?*

Aproveche bien el tiempo 42

«Mirad, pues, con diligencia cómo andéis [...] aprovechando bien el tiempo, porque los días son malos». Efesios 5:15–16

Dios quiere darle a cada vida su completo desarrollo. Por supuesto, hay excepciones. En algunos casos, las lecciones y disciplina de la vida están acumuladas en un muy breve espacio de tiempo. Pero en total, se pretende que cada vida humana toque todas las notas del órgano de la vida. Hay un tiempo indicado donde nacerá y morirá, llorará y reirá, ganará y perderá, disfrutará paz serena y pasará por tiempos difíciles. Estos tiempos han sido preparados para usted en el plan de Dios.

Los tiempos pasan uno tras otro rápidamente. En efecto, cuando vemos nuestra vida en retrospectiva, parece como si cada experiencia fue solo por un momento y luego se desvaneció, para nunca volver. Tenemos que estar alertas para satisfacer la demanda de cada hora. «Aún no ha venido mi hora», dijo el Señor (Jn. 2:4). Esperó paciente hasta que escuchó dar la hora en el cielo y después sacó la fortaleza apropiada para su demanda. Siguió adelante para satisfacerla. El Padre mantiene cada tiempo en Su mano. Y esa misma mano contiene los recursos necesarios de sabiduría, gracia y poder. Tome lo necesario de Su mano, y siga adelante para cumplir la tarea que el momento requiere.

Reflexión: *¿Qué tan consciente está de lo que Dios quiere para usted ahora? Piense en cómo podría usar su tiempo de mejor manera para que Él tenga la libertad de usarlo de acuerdo a Su buena planificación.*

43 Deléitese en el Señor

«Cantad alegres a Dios, habitantes de toda la tierra. Servid a Jehová con alegría». Salmo 100:1–2

El salmista hace un llamado a un «canto alegre», una expresión audible de adoración. No se conforme con un espíritu tranquilo de agradecimiento, ¡expréselo! Es bueno dejar que Dios tenga «el fruto de nuestros labios». Así como un solo pájaro puede despertar a todo un coro del bosque, un alma que rebosa de adoración afectuosa contagiará su canción. Cuán frecuentemente los cristianos detienen el progreso del cristianismo por su tristeza, depresión y espíritu abatido. Si nos deleitamos en el Señor, ¡deberíamos servirlo con alegría!

Sin duda hay mucho más dolor y pena en el mundo. Tenemos que atrevernos a creer y afirmar la bondad de Dios por debajo de todos los elementos angustiantes de la vida moderna. Con su bondad están combinadas Su misericordia y Su verdad. Qué consuelo hay al saber que Su misericordia es eterna. Necesitamos tanta conformidad, templanza y paciencia que, si la misericordia de Dios fuera cualquier cosa menos, nos desesperaríamos, pero se extiende a cada generación hasta el fin del tiempo. Por lo tanto, demostremos con palabras y obras toda la esperanza y gozo que son nuestros en Cristo.

Reflexión: *¿Por qué tantos cristianos se quedan sin experimentar o expresar el gozo? ¿Cuáles serían algunas formas prácticas en las que puede demostrar alegría y gozo?*

Tiempo a solas con Dios

44

«Estad quietos, y conoced que yo soy Dios». Salmo 46:10

La vida que nos rodea es principalmente de apuro y apremio. Los años se llenan de meses y las semanas de días. Esta marcha febril amenaza la vida espiritual. Esta corriente apresurada ya se ha infiltrado en nuestras iglesias y ha revuelto sus aguas tranquilas. Las reuniones se llenan de reuniones. La misma gente enérgica se encuentra en todas ellas y además participa de muchas buenas obras.

Tenemos que hacer tiempo para estar a solas con Dios. El ropero y la puerta cerrada son indispensables. Tenemos que escapar del estrépito del mundo para acostumbrarnos a los acentos de la pequeña voz silenciosa. Como David, tenemos que sentarnos delante del Señor. Sentarnos, esperar, escuchar, estar quietos. Únicamente durante esos momentos surgirán los mejores dones espirituales en nuestra visión y tendremos la gracia para recibirlos. Es imposible ir de prisa a la presencia de Dios, ponernos al día de lo que nos dé la gana y salir corriendo con eso. Intentar esto terminará en pura desilusión y decepción. Lo mejor de Dios no puede ser nuestro, a menos que pacientemente esperemos en Su santa presencia.

Reflexión: *¿Cuánto valora los momentos a solas con Dios? ¿Por qué esos momentos son vitales para su crecimiento espiritual?*

45 Examine sus motivos

«Ahora también será magnificado Cristo en mi cuerpo, o por vida o por muerte». Filipenses 1:20

Si quiere la plenitud del Espíritu Santo para poder cristalizar cierta experiencia, atraer gente o transformar una dificultad en un escalón, es posible que no la alcance. Usted tiene que tener el propósito de enaltecer al Señor Jesús en su cuerpo, ya sea en la vida o en la muerte. Pídale que todos los motivos inferiores sean destruidos dentro de usted.

Dios no las quitará para que hagamos girar nuestras propias ruedas hidráulicas. No hará nada para ministrar nuestro propio orgullo. No nos dará el Espíritu Santo para que obtengamos fama, para que nos forjemos un nombre o para que tengamos una vida fácil y autosuficiente. Si buscamos al Espíritu simplemente para nuestra felicidad, comodidad o libertad de alma, será sumamente improbable que nos sea dado. Su única pasión es la gloria del Señor Jesús, y solamente puede hacer su morada en los que están dispuestos a ser uno con Él en esto.

Pero si está motivado simplemente por el deseo de que el Señor Jesús sea enaltecido en usted, ya sea en la vida o en la muerte, entonces, alégrese, porque está cerca de bendiciones que no es posible describir con palabras. Si sus motivos están por debajo de este estándar, pídale que los ilumine y purifique, y ofrézcale una libre entrada. No pasará mucho tiempo para que haya una respuesta agradable.

Reflexión: *¿De qué maneras está enalteciendo al Señor en lo que dice, hace y piensa? ¿Qué motivos necesita pedirle que cambie?*

Trabaje como para Dios

«Sirviendo de buena voluntad, como al Señor y no a los hombres». Efesios 6:7

El trabajo pesado común de la vida diaria puede ser un llamado divino. A menudo decimos que un joven «recibe el llamado al ministerio», pero es igual de apropiado decir que un carpintero recibe el llamado a su banco de trabajo, el herrero a la forja y el zapatero a su horma de madera o metal de un pie. «Hermanos», dijo el apóstol, «en el estado en que fue llamado, así permanezca para con Dios» (1 Co. 7:24).

Recuerde que su vida ha sido destinada por la sabia providencia de Dios. Él envió a José al arduo trabajo y disciplina de la prisión, así como a la gloria y responsabilidad del palacio. Nada nos pasa que no esté incluido en Su plan para nosotros, y los incidentes que parecen más agobiadores frecuentemente están diseñados para darnos oportunidades de llegar a ser más nobles y más fuertes.

Somos llamados a ser fieles para llevar a cabo nuestras tareas asignadas. No es la brillantez, el éxito ni la notoriedad, sino el desempeño regular, tranquilo y cuidadoso de las tareas triviales y comunes. La fidelidad en lo más mínimo es un logro tan grande a los ojos de Dios como lo más grande.

Entonces, tomen su trabajo, ustedes que parecen ser los «don nadie», los siervos incansables y fieles que llaman poco la atención. Háganlo con un corazón valiente, levantando la mirada hacia Él que por muchos años trabajó en el banco del carpintero. Hagan todo como en su presencia y para ganarse Su aprobación.

Busquen oportunidades de animar a sus compañeros de trabajo. No se quejen ni refunfuñen, sino dejen que su corazón se eleve de su trabajo a Dios, su hacedor, Salvador y amigo.

Reflexión: *¿Por qué es importante confiar en el plan de Dios para usted y llevar a cabo fielmente las tareas comunes para Él? ¿Qué tareas le ha dado Dios para que las cumpla?*

Apoye financieramente la causa de Cristo

47

«Traed todos los diezmos al alfolí y haya alimento en mi casa».
Malaquías 3:10

Si está en los negocios, al final del año aparte lo que se necesita para el mantenimiento de su familia en la posición a la que Dios los ha llamado. Luego, aparte lo que puede requerirse para el desarrollo de su negocio. Tercero, asegúrese de que con un sistema de seguro de vida usted provea en su vejez. Pero cuando ya haya hecho todo esto, considere el resto como de Dios, para que sea utilizado para Él. Nunca le dé a Dios menos de la décima parte sino tanto más como sea posible. Si ha heredado dinero, no tiene derecho de regalarlo ni de derrocharlo; compártalo, así como lo recibió, reconociendo que es de Dios, y que espera que usted lo administre como Su mayordomo y administrador.

Que cada cristiano adopte el principio de dar una proporción específica de su ingreso a la causa de Cristo. Cuando la fascinación del dinero comienza a afirmarse, instantáneamente dé una donación considerable a alguna causa necesitada. Cada vez que venga la tentación de ver el dinero desde un punto de vista egoísta, recíbala alzando la vista a Dios y diga: «Gracias por darme estas cosas para disfrutar, y deseo sabiduría y gracia para usarlas para Tu gloria».

Reflexión: *¿Cree que usa su dinero sabiamente para la causa de Cristo? ¿Cómo describiría su actitud hacia el dinero?*

48 Tome en serio cada pecado

«Seguid la paz con todos, y la santidad, sin la cual nadie verá al Señor». Hebreos 12:14

Cada pecado que se permite se incrusta en las ventanas del alma con capas más gruesas de mugre, obscureciendo la visión de Dios. Pero cada victoria sobre la impureza y el egoísmo aclara la visión espiritual. En el poder del Espíritu Santo, niéguese a sí mismo, no le dé lugar al pecado, resista al Diablo y verá a Dios. El alma perversa no podría ver a Dios, aunque se estableciera en medio del cielo.

La plenitud continua del Espíritu Santo solamente es posible para los que lo obedecen en todas las cosas. No hay nada trivial en esta vida. Al descuidar mandamientos leves, una persona puede rápidamente salirse del círculo soleado y perder la plenitud misericordiosa del poder del Espíritu. Una mirada, una palabra, un rechazo podría ser suficiente para entristecerlo en nosotros y apagarlo en otros. Calcule el costo, y no retroceda por miedo a lo que Él pueda demandar. Él es el Espíritu del amor. Nos ama tanto como para causar dolor, a menos que hubiera alguna razón, que deberíamos aprobar si supiéramos tanto como Él.

Reflexión: *¿Qué pasa cuando permitimos que los pecados «pequeños» permanezcan en nuestras vidas? Pídale a Dios que le revele cualquiera de esos pecados... y confiéselos.*

«Toda la Escritura es inspirada por Dios». 2 Timoteo 3:16

El mundo está lleno de libros religiosos, pero el hombre que ha alimentado su vida espiritual con la Biblia distinguirá en un momento la diferencia entre ellos y las Escrituras fidedignas e inspiradas. El ojo instantáneamente puede detectar la ausencia de vida en la flor artificial; la lengua puede, inmediata y naturalmente, detectar la ausencia o presencia de cierto sabor que se degusta; y el corazón del hombre, su sentido moral, es rápido par7a detectar la ausencia en todos los demás libros religiosos de cierto sabor que se extiende en la Biblia.

En la posesión de este misterioso atributo, el Antiguo y Nuevo Testamentos son uno. No puede decir que hay más de el en los párrafos resplandecientes del apóstol Pablo que en las espléndidas profecías y llamados de los profetas antiguos. Desde Génesis hasta Apocalipsis hay sabiduría, verdad y guía. Y aunque hay silencio en temas que sólo satisfacen la curiosidad, las revelaciones específicas contienen copiosas declaraciones. A lo largo, el cordón carmesí del sacrificio se manifiesta claramente, donde los libros están hilvanados como abalorios en un hilo. Y a lo largo siempre está la calidad sutil, misteriosa e inefable llamada inspiración. Las Escrituras son el discurso de Dios para el hombre. Esto le da unidad y autoridad.

Reflexión: *¿Está estudiando la Biblia, descubriendo cómo el Antiguo y Nuevo Testamentos se relacionan entre sí y con su vida? ¿Qué significa que la Palabra de Dios tiene «unidad y autoridad»?*

50 Ángeles entre nosotros

«¿No son todos espíritus ministradores, enviados para servicio a favor de los que serán herederos de la salvación?». Hebreos 1:14

Por toda las Escrituras hay testimonios de la existencia de ángeles. Se alegraron cuando el mundo se hizo y se les describe como los que inauguran con canciones la nueva creación que anhelamos. Se pararon como centinelas en la puerta de un paraíso perdido, y en cada una de las doce puertas de la Nueva Jerusalén hay un ángel (Ap. 21:12). Caminaron en los planos de Mamre y cantaron sobre los campos de Belén. Uno preparó la comida en las arenas del desierto para Elías, otro sacó a Pedro de la cárcel y un tercero apareció en medio de la tormenta y se paró a la par de la hamaca donde el apóstol Pablo dormía (Hch. 27:23-24).

Cuando luchamos contra dificultades agobiantes y enfrentamos toda clase de peligros, estamos rodeados de formas invisibles, como las que acompañaron el sendero de Jesús, ministrándolo en el desierto, fortaleciéndolo en el jardín, sobrevolando alrededor de su cruz, cuidando su tumba y acompañándolo a su hogar. Llegan muy limpios a través del aire más tenebroso. Allanan los problemas más difíciles. Nos llevan en sus manos para que no nos lastimemos los pies con una piedra. Muchos escapes del peligro inminente, ayudas inesperadas, pensamientos susurrados al oído se deben a esos espíritus brillantes y amorosos.

Reflexión: *¿Cómo cree que los ángeles operan específicamente en la vida de los creyentes? ¿Ha sentido alguna vez la protección de los ángeles en su vida? ¿Cuáles fueron las circunstancias?*

Cristo, nuestro amigo

51

«Os he llamado amigos, porque todas las cosas que oí de mi Padre, os las he dado a conocer». Juan 15:15

En algún lado leí que cuando Miguel Ángel estaba en la cumbre de su fama, le presentaron a un muchacho que se llamaba Rafael, destinado a ser su digno sucesor, como un alumno prometedor. Al principio, el chico se ocupaba de las tareas más simples del estudio, limpiando pinceles y mezclando pinturas. Pero a medida que desarrollaba las habilidades de exactitud, puntualidad y simpatía, se le confió cada vez más responsabilidades hasta que el maestro lo hizo su amigo y confidente. Así es como llegamos a Cristo: primero, como redimidos de la esclavitud de Satanás, para que seamos sus siervos; y luego Él nos llama Sus amigos.

Un amigo se revelará a sí mismo. Todo el mundo puede suponer que conoce a un hombre famoso, pero si él dice que soy su amigo, espero serle más cercano y oír de sus labios asuntos de información confidencial. Así es con el Señor Jesucristo. Él se manifiesta a los que le aman y guardan Su Palabra, como no lo hace con el mundo.

Un amigo hará que sus amigos se interesen en sus proyectos. Es un gozo para Cristo cuando los que Él ama pueden participar en Su plan redentor mundial. Jesús se alegra de tenernos como Sus compañeros de trabajo.

Un amigo se interesará en nuestros fracasos y éxitos. Es lo mismo con nuestro Señor. Cuando Él ve que algún peligro nos amenaza, ¿no hace que la hora de la prueba sea de intercesión especial? Si fracasamos, nos recibe muy apenado, listo para señalar la causa de nuestro fracaso y para estimularnos a que volvamos a intentar. Si nos mantenemos firmes, Él nos recibe cuando salimos de la batalla, se alegra con nosotros y está dispuesto a refrescarnos en nuestro cansancio, cuidadoso de sanar cualquier herida que hayamos recibido.

Reflexión: *¿Cómo percibe a Jesús? ¿Qué tan comprometido está para obedecerlo y participar de sus planes?*

Dios guía nuestros caminos

52

«Yo soy la luz del mundo; el que me sigue, no andará en tinieblas, sino que tendrá la luz de la vida». Juan 8:12

El desierto era un yermo sin rastro para Israel. La gente dependía absolutamente de la nube que les mostrara el camino y les encontrara un lugar para descansar en la noche. Cuando la nube se recogía arriba del tabernáculo, donde descansaba, la gente tenía que levantar sus tiendas y seguirla. No importaba cuán deseable fuera el campamento, tenían que irse. No importaba cuán difíciles fueran los senderos del desierto, tenían que atravesarlos. No importaba cuán inhóspito fuera el lugar donde se detenía la nube, tenían que detenerse allí y permanecer por el tiempo que ella se quedara. Sólo donde la nube descansaba caía maná, fluía agua y la protección divina prevalecía.

Hay épocas de descanso en nuestras vidas. Dios misericordiosamente prepara pastos verdes y aguas tranquilas y nos hace acostarnos. Su voz suena en medio de la agitación de nuestra existencia y nos invita a salir del camino y a descansar un rato. Pero a menudo nos preocupa el descanso forzado; persistimos en ir de un lado a otro y damos lugar a las quejas amargas. Cuando la nube se detenga, quédese donde está. Cuando no sepa qué hacer, quédese quieto hasta que alguna indicación le revele el camino.

También hay épocas de acción. Se escucha la trompeta con sus convocatorias, a las que debemos poner inmediata atención. Adquiriremos agudeza para escuchar cuando nos acostumbremos a la obediencia inmediata. La paz y la utilidad de nuestra vida terrenal estará en proporción directa con nuestra apropiación del Señor Jesús para todas las demandas de nuestra condición de peregrinos.

Reflexión: *Al ver su vida en retrospectiva hasta aquí, ¿cuándo lo ha guiado Dios? ¿Por qué a veces es tan difícil esperar la guía de Dios?*

Confíe en Dios completamente 53

«Bienaventurado el hombre que puso en Jehová su confianza».
Salmo 40:4

Es mejor confiar en Dios que acumular riquezas. El moho y el óxido destruyen, los ladrones roban, todas las cosas terrenales son perecederas y precarias. Cuánta gente ha colocado sus ahorros en valores y acciones, en bancos y compañías y han perdido hasta el último centavo. Otros que no han podido ahorrar y han vivido para ayudar a sus semejantes han descubierto que Dios les ha provisto.

Confiar en Dios da claridad de visión. Cuando pensamos hacer la obra de Dios en el mundo en parte, y en parte cuidar de nuestros propios asuntos, estamos en la condición del hombre cuyos ojos no ven hacia la misma dirección. Hay un estrabismo en nuestra visión interna. Nos estamos esforzando para servir a dos señores, por tanto, nuestro juicio está distorsionado. ¿Quién no ha experimentado esto a menudo? Ha tratado de cumplir la voluntad de Dios, o formar un juicio correcto de su vida, pero constantemente su percepción del deber se ha obscurecido por el pensamiento de que, si usted tomara cierta dirección, interferiría con sus intereses en otra. Su mirada no estuvo enfocada y ha caminado en oscuridad. Sin embargo, cuando se siente tan absorbido por los intereses de Dios los suyos le son indiferentes, todo llega a estar claro y lo deja para que Él se encargue de todos los resultados.

No pensemos que Dios es tacaño y que escatima Sus dones. Él da pescado, así como pan cuando alimenta a las multitudes, colores y hojas cuando viste a las flores. Usted ha sido adoptado en Su familia y puede decirle «Abba, Padre». Seguramente este acto de gracia demuestra un amor especial de Su parte. ¿Habría tomado ese cuidado de lo espiritual y no le importaría lo físico? El impío puede preocuparse por su sustento, pero un hijo de Dios puede estar seguro de que sus necesidades serán suplidas.

Reflexión: *¿En quién o en qué realmente confía? ¿Por qué, en nuestra cultura ahora, es tan fácil tener un enfoque dividido?*

Comparta el amor de Cristo

«Yo soy la vid, vosotros los pámpanos». Juan 15:5

La vid en sí no puede llevar fruto por voluntad propia. Es solamente el canal por el que la energía de Dios fluye en su esfuerzo de alegrar el corazón y la vida del hombre. Por lo que Jesús es el canal por el que la vida y amor de Dios nos llegan, para que podamos transmitirlos en un ministerio amoroso, y al hacerlo creamos y almacenamos para nosotros un gozo infinito.

Que cada uno de nosotros aprenda a permanecer en Cristo. Con el corazón abierto a Él en una mano, y a los hombres, mujeres y niños en la otra. Entonces confiemos en Cristo para que derrame Su amor y gracia en nuestros corazones, para que la presión interna pueda llevarnos a hacer acciones de tierna compasión y servicio, que de otra manera no habríamos sido capaces de hacer. Decidamos que no pase un día sin hacer algo al precio de nosotros mismos, para aligerar la carga y hacer el camino más fácil a alguien más. Nuestra disposición con Cristo para hacer estas cosas a través de nosotros siempre encontrará una respuesta de Él; y Su Espíritu en nosotros nos mostrará exactamente qué hacer o decir. Podría ser solamente una sonrisa, un toque de la mano o una palabra. De esta manera la vida se llenará de gozo.

Reflexión: *¿Cuál es la conexión entre recibir el amor de Dios y poder compartirlo con otros? Pídale a Dios que esta semana lo guíe hacia alguien que necesite lo que Cristo puede ofrecer por medio de usted.*

55 La gracia maravillosa de Dios

«Y poderoso es Dios para hacer que abunde en vosotros toda gracia, a fin de que, teniendo siempre en todas las cosas todo lo suficiente, abundéis para toda buena obra». 2 Corintios 9:8

¿Qué diremos de la gracia de Dios? Su gozo es indecible, Su paz sobrepasa el entendimiento. ¡Su amor va más allá del conocimiento! Procure pensamientos grandiosos de Dios, que sostiene las profundidades del océano como una gota en el hueco de Su mano. Acuéstese en un montón de flores y reflexione en la multitud de ellas. Recorra los cielos con un telescopio y trate de contar las estrellas. Cuente los granos de arena en la playa y cuente las conchas esparcidas a lo largo de ella.

Cuando haya considerado los regalos de la mano de Dios, suba a la riqueza de Su corazón. Estudie el mapa infinito de la naturaleza de Dios. Compárelo con la necesidad de su pequeña vida y luego recuerde que el Padre lo ama infinitamente. Ha colocado su amor en usted y con certeza lo librará. Lo pondrá en lo alto porque usted ha conocido Su nombre. Todos los recursos de la eternidad y la infinidad están a Su disposición, y él puede hacer que toda gracia abunde en usted, para que al tener siempre todo lo suficiente en todas las cosas usted pueda abundar en toda buena obra.

Reflexión: *¿Por qué es difícil comprender el inmenso amor de Dios para nosotros? Piense en el profundo amor de Dios para usted y por qué es importante que usted comparta con otros lo que Él le da.*

Fortaleza a través del Espíritu de Dios

56

«Para que os dé, conforme a las riquezas de su gloria, el ser fortalecidos con poder en el hombre interior por su Espíritu». Efesios 3:16

¿Quién de nosotros no desea fortaleza, ya sea para soportar el sufrimiento o para lograr proezas grandiosas? El árbol joven dice: «Déjame ser fuerte, para producir la cosecha del rico fruto de otoño». El niño dice: «Déjame ser fuerte, para que puede ayudar a mi madre llevar sus cargas y hacer su trabajo». La persona enferma dice: «Déjame ser fuerte para que pueda reasumir mi trabajo y volver a ser productivo».

El cristiano dice: «Déjame ser fuerte para que no desmaye ni me canse, para que pueda, con todo vigor y vitalidad, servir al Maestro». La fortaleza de Dios nos espera, a través de Su Espíritu que se derrama en el hombre interior. Lector, le imploro que durante momentos de debilidad y desánimo se apropie de esa fortaleza y de esa medida. Y recuerde que solamente se perfecciona en la debilidad y se hace realidad en los que carecen de poder.

Reflexión: *¿De dónde viene nuestra fortaleza? ¿Cómo la recibimos cuando somos débiles y estamos desanimados? ¿Por qué la fortaleza de Dios se perfecciona en nuestra debilidad?*

57 La fuente de madurez genuina

«Porque tú salvarás al pueblo afligido,
Y humillarás a los ojos altivos». Salmo 18:27

Al principio de la vida cristiana, buscamos sinceramente adquirir ciertas virtudes y gracias. Hemos leído sobre ellas o las hemos visto ejemplificadas en otros y nos han encantado. Nos esforzamos por ellas y a veces nos felicitamos por el logro parcial. Seguramente, se dice a sí misma cuando compara el presente con el pasado: «¡Soy más puro, más humilde y más amable de lo que era!». Muy frecuentemente esta autosatisfacción es destrozada por alguna terrible caída o por el fracaso repetido, hasta que nos damos cuenta de que ya no podemos afirmar que poseemos bondad, más de lo que una habitación afirma que posee luz. Estas cosas no son nuestras, sino que las recibimos de Jesús y solamente las disfrutamos a medida que permanecemos en Él y Él en nosotros.

Yo no soy bueno, pero Jesús es en mí la fuente de bondad. No soy humilde, pero Jesús mora en mí y pone en cautividad cualquier pensamiento e imaginación de orgullo. Yo no soy fuerte, pero lo acepto a Él, que ha producido sabiduría, justicia, santificación y redención en mí. En total dependencia en el Salvador, ejemplificamos ese sentido creciente de necesidad, que es una de las señales seguras del corazón humilde y contrito que Dios no despreciará.

Reflexión: *¿Qué significa «depender absolutamente» de Jesús? ¿Por qué esta clase de dependencia lleva al crecimiento espiritual?*

Perdón por medio de la sangre de Cristo

58

«En quien tenemos redención por su sangre, el perdón de pecados según las riquezas de su gracia». Efesios 1:7

Nuestro Padre instantánea y libremente nos perdona según las riquezas de su gracia. Él anhela al descarriado y obstinado, que aparta su cara de la Suya. Se duele por sus pecados, pero se duele, más que todo, porque no busca perdón, ni la libertad, gozo e integridad que vienen con él.

Cuando nuestros corazones están contritos, humildes y sinceros, y nos arrepentimos sinceramente de todas nuestras maldades, Dios nos perdona. Y cuando Él perdona, no lo hace escasamente ni de mala gana, sino con gracia y abundantemente. Su perdón es digno de sí, asignado a la riqueza de Su glorioso ser y según las riquezas de Su gracia. Él hace más que perdonar; dice: «nunca más me acordaré..». (He. 8:12). Además, toma el mal del pecado y lo transforma en una oportunidad para una experiencia más profunda de Su bondad. Como lo dijo Pablo: «Cuando el pecado abundó, sobreabundó la gracia» (Ro. 5:20).

Reflexión: *¿Por qué es tan difícil para algunos cristianos aceptar la totalidad del perdón de Dios y que Él «nunca más se acordará»? ¿Alguna vez ha dudado buscar el perdón de Dios? Si así es, ¿por qué?*

59 El propósito de Dios para su vida

«Para esto he venido al mundo, para dar testimonio a la verdad». Juan 18:37

Dios nos creó a cada uno con un propósito. Nos envió para materializar un ideal, para cumplir un propósito, para dar testimonio de alguna fase de la verdad. El alfarero toma con sus manos un bulto de barro con un diseño distintivo. Cuando lo coloca en la rueda, trata de hacer de él una vasija para adornar un templo o palacio, o tiene en mente que tenga algún uso importante. Con la rueda giratoria en una mano y su artesanía hábil en la otra, evolucionará y completará su propósito. Entonces, ¿no deberíamos preguntarnos si estamos cumpliendo el propósito divino de lo que el apóstol llama «el supremo llamamiento» (Fil. 3:14)?

Podemos preguntarle a Dios: «¿Por qué me hiciste así? ¿Cuál es tu propósito para mi vida?». Pero Él no siempre da una respuesta audible. Su respuesta a menudo es silenciosa. Entra a hurtadillas al alma, sin ser notado, y sabemos que estamos cumpliendo Su propósito. Si usted está involucrado en alguna tarea difícil que evidentemente es su deber, pida al Salvador que trabaje junto a usted. Si se le llama a ministrar a gente que parece adormecida o antipática, pídale a Dios que Su voluntad sea hecha a través de usted. Si en cualquier circunstancia se siente confuso y sin rumbo, pídale al Padre que adhiera su voluntad y deseo con el Suyo. Él tiene un propósito para su vida, y no quiere ser un misterio para usted.

Reflexión: *¿Tiene un sentido claro del propósito de Dios para su vida? Si no, ¿cómo puede descubrirlo?*

Tres señales de la voz interna de Jesús

60

«Su madre dijo a los que servían: Haced todo lo que os dijere. Jesús les dijo: Llenad estas tinajas de agua. Y las llenaron hasta arriba». Juan 2:5, 7

No olvide la necesidad de obedecer a la voz interna de Cristo, que puede reconocerse por estas tres señales: Nunca hace preguntas, sino que es decisiva e imperativa; no es irrazonable o imposible; y hace un llamado a la obediencia que requiere algo de sacrificio de nuestros métodos y voluntad

No solamente deberíamos responder a la voz de Dios, sino que también deberíamos hacerlo con un esfuerzo completo y sumisión. Nuestra obediencia no debería ser parcial ni indiferente. Para los que oyeron a Jesús, llenar esas grandes jarras que estaban en el vestíbulo de la casa fue una prueba severa de fe obediente. Cada una contenía alrededor de veinte galones, y como probablemente estaban ya casi vacíos, llenarlos era un asunto lento y tedioso, especialmente a una hora en que los invitados requerían otra atención. Aun así, «las llenaron hasta arriba».

Puede ser algo muy pequeño lo que Él le pida hacer como enseñar en una clase de niños, visitar a alguna persona enferma, escribir una carta, decir una palabra de consuelo, extender la mano de ayuda o dar un vaso de agua fría, asegúrese de que su respuesta sea cordial y robusta. Una acción que podría parecer insignificante o inconveniente, de hecho, podría llegar a ser el logro más grande de su vida.

Cuando el Señor lo llame a participar, asegúrese de no decir: «¡Por favor no me lo pidas!» No, sírvalo hasta arriba. Él nunca le pide que haga alguna obra pequeña para Él, sin estar preparado para añadirle Su gracia poderosa a su debilidad. Es algo asombroso que Él quiera nuestra ayuda. Démosle una respuesta que rebose de gratitud y entusiasmo.

Reflexión: *¿En qué áreas puede Dios desear su obediencia a Su voz interna? ¿Qué cosas podrían estarle impidiendo responderle cordialmente?*

Jesús conoce nuestras penas 61

«En toda angustia de ellos él fue angustiado, y el ángel de su faz los salvó; en su amor y en su clemencia los redimió, y los trajo, y los levantó todos los días de la antigüedad». Isaías 63:9

Existe la aflicción de la enfermedad que nos impulsa a hacernos a un lado y a dejar nuestras tareas a otros. El desfallecimiento por las noches sin dormir, la inactividad y soledad de los días largos, el miedo de ser una carga a otros, el sentido de impotencia y debilidad, estos son los ingredientes de esa copa que muchos tienen que beber.

Está la aflicción de la pobreza, cuando cada puerta parece cerrarse a nuestro llamado. Está la aflicción de relaciones rotas. También está la aflicción de la tentación. Celos, orgullo, descontento, terquedad, estos nos atacan desde afuera, y muy frecuentemente encuentran una respuesta desde adentro, como si hubiera un cómplice escondido.

Esos son algunos de los problemas y aflicciones que obscurecen nuestra experiencia. El error es que enfrentamos nuestros problemas sin darnos cuenta del compañerismo de Dios. Llevamos nuestras cargas, sin dejárselas al Señor ni reclamar la gracia que espera ayudarnos en nuestra hora de necesidad. No nos damos cuenta de que Él ha bajado a liberarnos porque Él conoce nuestras penas.

Reflexión: *¿Qué aflicciones está enfrentando, usted o alguien que ama? ¿Hasta qué punto usted buscó a Dios para que lo ayude? ¿Por qué podemos estar seguros de que Dios entiende nuestra situación?*

62 Una vida entregada a Dios vive para los demás

«Así que, hermanos, os ruego por las misericordias de Dios, que presentéis vuestros cuerpos en sacrificio vivo, santo, agradable a Dios, que es vuestro culto racional». Romanos 12:1

Lo primero que tenemos que hacer es presentarnos a Dios como vivos de los muertos y nuestros cuerpos como sacrificios vivos. No se puede entrar al camino de bienaventuranza por ninguna otra puerta. Sólo cuando rehusamos a conformarnos a este mundo, y nos entregamos para ser transformados por el Espíritu Santo, podemos conocer todo lo que Dios hará por nosotros. Él está preparado para ser y hacer todas las cosas en nosotros, si estamos dispuestos.

Los que viven una vida de entrega no necesitan verificar la voluntad de Dios con señales. La reconocen con el susurro de Su voz y el contacto de Su mano. Cuando rehusamos a ser moldeados por el mundo, y nos rendimos al Espíritu transformador de Dios, podemos comprobar lo que es bueno, aceptable y perfecto. Pero más que eso, comenzamos a vivir para otros y por fe extraemos de la plenitud de Dios, para poder ministrarlos correctamente.

Nunca podremos realizar ideales divinos de servicio simplemente por obediencia, a regañadientes y de mala gana. Tenemos que ser impulsados por un amor santo hacia nuestro Señor y amor de unos a otros. Ese amor santo viene de Él.

Reflexión: *¿Se está entregando completamente a Dios, permitiéndole que lo transforme? ¿Qué pasos puede dar para participar en el ministerio especial que Dios tiene reservado para usted?*

A veces Dios espera para bendecirnos

63

«Por tanto, Jehová esperará para tener piedad de vosotros, y por tanto, será exaltado teniendo de vosotros misericordia; porque Jehová es Dios justo; bienaventurados todos los que confían en él». Isaías 30:18

Muy frecuentemente hemos malinterpretado los asuntos de Dios con nosotros. Cuando Él se ha demorado más allá del Jordán, a pesar de nuestros ruegos de que se apurara a salvar a Lázaro, hemos llegado a la conclusión de que fue, de una manera extraña, descuidado. Pero, de hecho, estaba esperando, a un precio no pequeño para Su corazón, a que llegáramos al fin de nosotros mismos y que el camino estuviera despejado para hacer un milagro más asombroso del que nos atreveríamos a esperar.

Nuestro Señor esperó hasta que la mujer sirofenicia cayera impotente a Sus pies, con el clamor: «¡Señor, ayúdame!» para concederle el favor que ella ardientemente deseaba para su hija. Desde Su trono en el cielo, utilizó el mismo método y esperó hasta que los discípulos en el aposento alto hubieran llegado al punto de impotencia total para derramar el Espíritu en Pentecostés. Esperó hasta que el pequeño grupo de creyentes hubiera agotado cualquier otra medida, para soltar a Pedro de su prisión. Esperó hasta que Pablo hubiera rechazado su autosuficiencia y confesara su debilidad, para poder hacerlo fuerte en Su poder omnipotente.

Las tardanzas de Dios no son negativas; no son descuidadas ni descorteses. Está esperando, con un ojo vigilante y atento, el momento preciso para afectar, para poder dar una bendición más allá de nuestra expectativa y esperanza.

Reflexión: *¿Por qué cree que Dios a menudo espera responder hasta que llegamos al final de nosotros mismos? ¿Puede pensar en algún tiempo en que pensó que Dios lo había descuidado, solamente para después darse cuenta de Su intervención?*

Busque la guía de Dios

«Y cuando ha sacado fuera todas las propias, va delante de ellas; y las ovejas le siguen, porque conocen su voz». Juan 10:4

¿Necesita la guía de Dios en su camino? Mire a Jesús; siempre es posible discernir Su forma, aunque fuera cubierta de niebla. Y cuando se ha perdido, manténgase quieto hasta que Él vuelva para encontrar y reestablecer la conexión bendita.

A veces, Él nos guía al descanso de los pastos verdes y al reposo de las aguas tranquilas. En otras palabras, nos otorga meses y años felices para que cumplamos las actividades de la vida diaria. Otras veces nos conduce de los lugares de delicados pastos hacia las montañas. El camino es soleado, arriba están los despeñaderos escabrosos, abajo la corriente oscura y turbia, pero está bien. No siempre deberíamos estar en los pastos ni caminando suavemente cerca de las aguas. Es bueno escalar las alturas con su panorama lejano y aire vigorizante.

En la tarde, el Pastor puede llevar a Su rebaño de regreso al valle, a través de los bosques oscuros, donde las ramas se unen y las bestias salvajes están al acecho. Pero sabemos que Él tiene en una mano la vara o el garrote para combatir a cualquiera que pudiera atacar, y en la otra el báculo para sacarnos del hoyo. La oscuridad, la pena o la muerte no demuestran que hayamos pasado por alto Su guía o que hayamos tomado el camino incorrecto, sino que Él nos considera capaces de soportar la prueba por fe en Él mismo.

Reflexión: *¿En qué áreas necesita guía? ¿Por qué es tan importante confiar en Dios aun en circunstancias inciertas u horribles?*

65 Ore con certeza... y confíe en Dios

«Mas tú, cuando ores, entra en tu aposento, y cerrada la puerta, ora a tu Padre que está en secreto». Mateo 6:6

En la oración tiene que haber una preparación premeditada, un lugar secreto, un aposento interior, un tiempo fijo y la puerta cerrada para evitar la distracción y las interrupciones. En ese lugar secreto, el Padre nos espera. Es tan seguro que está allí como lo está en el cielo. Sea reverente, como Moisés cuando se quitó los zapatos de sus pies. Sea fiel, porque tiene una audiencia con Alguien que le ama más que cualquiera. Siéntase consolado, porque no hay problemas que Él no pueda resolver, ningún nudo que no pueda desatar.

Dios sabe aún mejor que nosotros lo que necesitamos y deberíamos pedir. Escucha nuestras súplicas y peticiones, y se goza en suplir nuestras necesidades, según Sus planes santos. Debe estar seguro de que, de alguna manera u otra, su Padre celestial suplirá su necesidad particular. Cuando haya puesto un problema definitivamente en las manos de Dios, déjelo allí. Tenga la seguridad de que Él lo ha escuchado y que responderá.

Reflexión: *¿Duda a veces que Dios responderá sus oraciones? Si así es, ¿cómo puede desarrollar una fe más profunda en el deseo de Dios y su capacidad para suplir su necesidad?*

Alégrese en medio del sufrimiento

66

«Tened por sumo gozo cuando os halléis en diversas pruebas, sabiendo que la prueba de vuestra fe produce paciencia». Santiago 1:2–3

Se nos invita a contar nuestras pruebas como gozo puro, ya que nuestro sufrimiento paciente, a la larga, lleva al producto final de un carácter santo. Nuestro Padre celestial ve y comparte todas las pruebas y aflicciones que nos asedian. Dios no salvó a Israel de la prueba de la aflicción, sino que la atravesó con ellos (véase Ex. 3:7-9; Is. 63:9). Evidentemente había un propósito sabio que tenía que cumplirse con esas experiencias egipcias amargas. Lo mismo es cierto con nosotros.

Hay una razón para nuestras pruebas que ahora no entendemos, pero lo haremos algún día, cuando nos paremos a la luz con Dios. Las aflicciones no siempre son un castigo, aunque en algunos casos sí podrían serlo. Muy frecuentemente hemos tenido que «ser afligidos en diversas pruebas, para que sometida a prueba [nuestra] fe, mucho más preciosa que el oro, el cual aunque perecedero se prueba con fuego, sea hallada en alabanza, gloria y honra cuando sea manifestado Jesucristo» (1 P. 1:6-7).

Por lo tanto, alegrémonos y exaltemos Su bondad. ¡Vaya razón de alabanza! Los salmos e himnos dulces han permanecido a través de las edades, llevando consuelo a incontables personas porque los que los escribieron pasaron por una disciplina profunda. Y podría ser que los que hemos pasado por gran tribulación podamos contribuir con notas en la música celestial que los hijos de luz angélicos nunca podrían cantar. *El salterio de la eternidad* no podría estar completo sin los recuerdos, puestos en música, de la gracia que nos ministró durante nuestras pruebas terrenales y que nos sacó del horno del dolor.

Reflexión: *¿Qué clase de dificultades ha enfrentado? ¿Cuáles son algunas cosas que Dios le ha enseñado por medio de ellas de Sí mismo, de usted u otra gente? ¿Cómo han afectado las dificultadas su fe en Dios? ¿Por qué?*

«Prosigo a la meta, al premio del supremo llamamiento de Dios en Cristo Jesús». Filipenses 3:14

La esperanza del artista joven no es conformarse con la norma que prevalece en el pueblo provincial donde nació, sino apuntar a lo que se presenta en las obras maestras más grandes. La esperanza del gansito que nació en la granja no es conformarse con chapotear en el charco que satisface a los patos. La esperanza del alma es rechazar la comparación con los que están abajo y seguir con la mirada fija en la justicia de Dios, como se revela en la vida de Jesús.

Apliquemos las normas más altas de justicia y vida santa a nosotros mismos. Luchemos por cumplir nuestro gran llamado para que podamos estar contentos con vivir solamente con Dios, como el único alimento que satisface todo en el alma. Hudson Taylor dijo: «He estado cuarenta años en China. Hice poco allí, pero he aprendido mucho, y esto, entre todas las cosas: vivir solamente con Dios, conocer al mismo Dios, saber que Su corazón es amor y que Su corazón acciona a Su mano para ayudar». He aquí un ideal al que todos podemos aspirar.

Reflexión: *¿Qué implica mantener nuestros ojos fijos en la justicia de Dios? ¿Cuál es el equilibrio entre aceptar la imperfección en nosotros y mantener altas normas?*

68 La importancia del pensamiento santo

«Todo lo que es verdadero, todo lo honesto, todo lo justo, todo lo puro, todo lo amable, todo lo que es de buen nombre; si hay virtud alguna, si algo digno de alabanza, en esto pensad». Filipenses 4:8

La pureza de corazón asegurará la pureza de vida y conducta. Esta conexión muy frecuentemente ha sido pasada por alto y el mandamiento se ha olvidado. Mucha gente ha insistido en el régimen cuidadoso del cuerpo, el comportamiento apropiado y las obras que valen la pena. Pero el secreto de la pureza es más profundo. Comience con lo externo y usted puede o no afectar el carácter interno del alma. Comience con lo interno y el efecto en el exterior será inmediato y transformador.

La pureza de corazón es el control de la imaginación. Lejos del reino del sentido, hay un mundo de ilusión, pero mortal; encantador, pero que corrompe. La imaginación puede transportarnos libremente allí. Como un barco veloz, puede transportarnos a esas playas místicas. Al desembarcar, podemos participar en deleites indecorosos, mientras nuestra cara está enterrada en nuestras manos en actitud de oración. Ningún corazón puede mantenerse puro, a menos que la imaginación se mantenga bajo control estricto. No debe permitirse que nos transporte al mundo de sueños perversos y sensuales, ni que introduzca al templo del alma cualquier imagen que manchará o contaminará.

Reflexión: *¿Cómo un cristiano puede mantener su imaginación bajo control, cuando el mundo nos estimula a hacer lo contrario? ¿Cómo puede guardar su mente e imaginación de mejor manera?*

69 Nuestra fuente genuina de poder

«Y a Aquel que es poderoso para hacer todas las cosas mucho más abundantemente de lo que pedimos o entendemos, según el poder que actúa en nosotros». Efesios 3:20

El hombre desea poder. El joven dará todo lo que tiene por amor; el viejo no considera demasiado cualquier sacrificio por el poder. El que ejerce poder es el ídolo de sus compañeros, aunque lo haya obtenido pisoteando a otros. No nos equivocamos al desear poder espiritual, si sólo lo deseamos para la gloria de nuestro Maestro y bendición del hombre.

El poder espiritual no es una entidad separada que podamos poseer independientemente del Espíritu Santo. El poder del mundo espiritual es la morada e inspiración del mismo Espíritu Santo. No podemos tenerlo sin Él. Somos, muy evidentemente, sujetos y vehículos de él cuando Dios reside dentro de nuestros corazones rendidos. Si buscamos poder espiritual, entonces recibamos su verdadera fuente. Ya no hablemos más de eso, sino de Él.

Reflexión: *¿Cómo esta visión del poder difiere de la visión de mucha gente ahora? ¿Qué significa «recibir» la fuente de poder genuino»?*

70

Haya en pos de la mente de Cristo

«Haya, pues, en vosotros este sentir que hubo también en Cristo Jesús, el cual, siendo en forma de Dios, no estimó el ser igual a Dios como cosa a que aferrarse, sino que se despojó a sí mismo, tomando forma de siervo, hecho semejante a los hombres; y estando en la condición de hombre, se humilló a sí mismo».
Filipenses 2:5–8

Cuando nuestro Señor se rebajó a vivir visiblemente entre los hombres, se rehusó a aprovecharse del homenaje que se le debe a Su naturaleza original. Había estado en la forma de Dios pero estuvo contento con cubrir Su gloria, para asumir la forma de siervo y ser hecho a la imagen del hombre. Se rehusó a usar los atributos de Su deidad intrínseca para poder manifestar el amor de Dios, para quitar la culpa del mundo y darle paso a la justicia eterna. Por lo tanto, Él es exaltado y lleva para siempre el nombre de Jesús, el Salvador del mundo.

El apóstol dice: «Haya, pues, en vosotros este sentir». Tenemos que demostrar una emulación santa, la disposición de rebajarse al máximo y de seguir al Maestro lo más cerca posible. El asunto más urgente que tenemos que considerar es si tenemos la mente que tenía Cristo o no, ya sea que a cualquier costo estemos manifestando el amor de Dios a los que nos rodean.

Reflexión: *¿Qué significa «tener el sentir de Cristo»? ¿Cómo puede seguir de mejor manera Su ejemplo de humildad y servicio?*

Cómo experimentar la salvación de Dios

71

«Tomad el yelmo de la salvación». Efesios 6:17

El guerrero cristiano debe tener la salvación de Dios en su propia experiencia. Tiene que ser salvo de la culpa y del castigo del pecado, antes de poder proclamar la abundancia del perdón de Dios al jefe de los pecadores. Tiene que conocer el evangelio como el poder de Dios para salvación del dominio del pecado en su corazón.

Como el yelmo brilla con los rayos del sol, la corona de la experiencia del cristiano debe señalar hacia el cielo y hacia la gloria que todavía tiene que ser revelada. Tiene que decir lo que sabe y declarar lo que ha visto y oído. Cuando estamos experimentando el poder de la salvación de Dios, podemos declararlo a otros con una libertad y poder que no necesitan de más corroboración. Cuando los hombres ven la salvación de Dios ejemplificada en nuestra propia vida y carácter, estarán preparados para aceptarla efectivamente como la Palabra de Dios.

Reflexión: *¿Qué pasa si compartimos la salvación de Dios con otros y no se demuestra con nuestra propia vida? Si no vivimos la vida por medio del poder de Dios, ¿qué estamos comunicando?*

72

Nuestro dolor: clave para bendición

«Bienaventurados los que lloran, porque ellos recibirán consolación». Mateo 5:4

Jesús demuestra que las condiciones de la vida humana que los hombres temen por naturaleza son los elementos por medio de los que la bendición llega a ser posible. Cada dolor lleva en sí una clave para bendición, y no hay dolor para el que no haya sanidad y ayuda en Cristo. En este suelo crecen todas las hierbas que son apropiadas para la cura de corazones rotos. Para todos los que lloran, Él tiene el aceite del gozo.

Que ningún doliente se aleje de estas palabras, como si fueran para alguien más. No suponga que esta promesa es solamente para las personas cuyo dolor es grande y extraordinario. Como todas las bendiciones del evangelio, las palabras son para todos. Puede confiarse en ellas con seguridad y completamente. Quienquiera que sea, y no importa qué dolor lo esté atormentando, será consolado. La semilla de una cosecha de bendición está escondida en estos capullos oscuros. Un peso eterno de gloria está a su alcance, que hará que su aflicción presente, cuando la vea desde el futuro distante, parezca luz en comparación.

Reflexión: *¿De qué maneras puede el dolor transformarse en bendición? ¿Qué le ha enseñado Dios durante los tiempos de llanto?*

Cómo entender el profundo amor de Dios

73

«¿Quién es sabio y guardará estas cosas,
Y entenderá las misericordias de Jehová?». Salmo 107:43

Hay muchas maneras de comprender la bondad y misericordia del Señor. Podemos conocerlo como un asunto de doctrina. La mejor manera de aumentar nuestro conocimiento de la naturaleza infinita de Dios es con un estudio profundo de Su Palabra. Lo que los huesos son para el cuerpo, lo es la doctrina para nuestra vida moral y espiritual. Lo que la ley es para el mundo universal, lo es la doctrina para el espiritual. Las doctrinas de la gracia son las bases adornadas con joyas de una vida santa.

También podemos conocer la bondad de Dios con la meditación. Ojalá que produjéramos más corazones silenciosos al Espíritu Santo, de tal manera que Él pudiera asegurar nuestros pensamientos vagabundos en el amor de Cristo, que sobrepasa el entendimiento. Los tiempos regulares de meditación en la presencia de Dios abrirán nuestros corazones más profundamente a Su amor.

Entonces también podemos conocer el amor de Dios con compasión. Cada vez que nos sacrificamos por otros, o llevamos la cruz de alguien más, en el fulgor de un corazón cálido estamos sintiendo un pequeño latido de Su amor.

Detengámonos frecuentemente para agradecerle por Su profundo amor por nosotros.

Reflexión: *¿Qué otras maneras, además de las mencionadas más arriba, podrían ayudarle a entender más profundamente el amor de Dios?*

Cuide su andar

«Os ruego que andéis como es digno de la vocación con que fuisteis llamados». Efesios 4:1

Como el pastor llama a sus ovejas, como el padre llama a su hijo, así llama Dios a la gente. Desde el trono de Su gloria, Él habla a cada alma de los hombres, una, dos o muchas veces, como cuando dijo: «Samuel, Samuel» y «Saúl, Saúl». Durante alguna hora solemne de decisión o dificultad, la voz de Dios puede escucharse llamando a los hombres a sí mismo, al cielo y a una vida santa. En ese llamado, el apóstol basa su argumento de la santidad.

Actúe merecedoramente del llamado que lo convocó y a la vida a la que ha sido llamado. Deténgase y pregúntese antes de hablar, actuar o decidir: ¿Es digno de ese gran ideal que Dios concibió para mí, cuando me llamó entre el resto de los hombres para que fuera Su hijo, Su testigo? Si no, ¡evítelo!

Reflexión: *¿En qué cambiaría su vida si se hiciera esa pregunta antes de hablar, actuar o decidir? ¿A qué clase de vida lo está llamando Dios?*

«Mi corazón ha dicho de ti: Buscad mi rostro.
Tu rostro buscaré, oh Jehová». Salmo 27:8

Hay muchas cosas en la Biblia que, al principio, quizás no entendamos. ¿Por qué? Porque así como los cielos están más altos que la tierra, así están los pensamientos de Dios, más altos que los nuestros. Charles Spurgeon solía decir que cuando comía pescado, no intentaba tragarse las espinas, sino que ¡las hacía a un lado en su plato! Él quiso decir que cuando se encontraba con algo en la Biblia que iba más allá de su entendimiento, lo hacía a un lado y continuaba disfrutando los bocados que se podían digerir más fácilmente.

La Palabra de Dios, en efecto, contiene muchos principios y conceptos que son difíciles de comprender desde nuestra perspectiva humana. A veces, como lo sugirió el Sr. Spurgeon, tenemos que dejar a un lado algunos pasajes y volver a ellos otro día. Pero no vacilemos en tratar de comprender el amor de Dios para nosotros ni de escuchar su voz de cerca. Ya sea para el cuerpo, alma o espíritu, no hay guía como las Santas Escrituras, pero nunca la lea sin alzar su mirada primero a su autor e inspirador, pidiéndole que le ilumine la página y que lo haga sabio para salvación.

Reflexión: *¿Cuál es su respuesta cuando se encuentra con un pasaje que es difícil de entender? ¿Por qué deberíamos pedirle a Dios que nos guíe a entender y aplicar las Escrituras?*

76 Lo que significa ser manso

«Bienaventurados los mansos, porque ellos recibirán la tierra por heredad». Mateo 5:5

La mansedumbre es consecuente con la fortaleza de carácter, pero no siempre se piensa eso. La mansedumbre frecuentemente se utiliza como un sinónimo de debilidad, y de la gente mansa se piensa con un alto grado de desprecio. No hay ningún epíteto por el que los hombres del mundo se ofendan tan rápida con el apelativo de «manso». La ausencia de fortaleza y valor son las ideas que generalmente vienen a la mente cuando a una persona se le dice mansa. ¡Qué distorsionada es esa descripción!

El concepto erróneo del hombre, de la fortaleza de la mansedumbre, se debe en gran parte en la apariencia suave que adopta, la abnegación, la autoposesión, los tonos modulados. La gente no se da cuenta de que hay una fuerza aún mayor que se requiere para contener las manifestaciones de poder que dejarlas sueltas. Para un hombre de temperamento impulsivo e impetuoso, ¡es más difícil actuar suavemente en vista de la provocación que decir abruptamente palabras indignadas y hablar coléricamente como un viento del noroeste!

¿Es la mansedumbre equivalente a la debilidad? Por supuesto que no. Es el manso, cuya decisión tranquila y fortaleza discreta, el que demuestra una fortaleza genuina.

Reflexión: *Antes de leer esto, ¿cuál era su definición de mansedumbre? ¿Por qué es fuerte la persona que mansa?*

«Entonces el Señor dijo: Si tuvierais fe como un grano de mostaza, podríais decir a este sicómoro: Desarráigate, y plántate en el mar; y os obedecería». Lucas 17:6

Toda la plenitud de Dios fluirá a través del canal más pequeño que la fe abre a Su poder omnipotente. La fe es el corazón abierto hacia Él, y a través del canal de la fe Cristo vive en y por nosotros. Hudson Taylor oyó a Dios decir: «voy a evangelizar el interior de China, y si caminas conmigo, lo haré a través de ti».

D. L. Moody dijo que el comienzo de su ministerio maravilloso se vinculaba a esta observación que se hizo en su presencia: «El mundo todavía tiene que aprender lo que Dios puede hacer por medio de un hombre completamente entregado a Él». Lo que importa no es lo que hagamos, sino lo que Dios hace a través de nosotros. Su poder omnipotente, que pasa por el orificio de fe más pequeño, sigue ampliándolo más.

Reflexión: *¿Por qué la fe juega un papel tan importante en lo que Dios puede hacer a través de nosotros? ¿Cómo podría demostrar fe en Él esta semana?*

«Bienaventurados los que tienen hambre y sed de justicia, porque ellos serán saciados». Mateo 5:6

El deseo de la persona regenerada no es simplemente hacia Dios, sino de justicia. Ser correcto, hacer lo correcto, conformarse en todo al ideal de Dios, tener una conciencia desprovista de ofensas, vivir de acuerdo al ejemplo de Jesús, este es el deseo de la persona regenerada. No es suficiente estar consciente de las debilidades e ignorancia, ni lamentarse por el pecado. El genuino arrepentido desea aprender el secreto de caminar ante Dios, en santidad y justicia, todos sus días.

Nuestro único remordimiento debería ser que nuestros deseos de Dios y Su justicia son tan inconstantes y débiles. La santidad es un llamado alto, y lo desatendemos bajo nuestro propio riesgo. Tomemos en serio el hecho de que sabemos tan poco de los anhelos apasionados de Dios que han tenido todos los corazones santos. Que Dios cree en nosotros hambre y sed, como la que Jesús conoció, para que podamos ser guiados por ella a conocer la bendición que se obtiene al tener una vida justa.

Reflexión: *¿Qué significa «tener hambre y sed» de justicia? ¿Por qué tanta gente en nuestros días es indiferente en cuanto a seguir la justicia?*

«En lo cual vosotros os alegráis, aunque ahora por un poco de tiempo, si es necesario, tengáis que ser afligidos en diversas pruebas, para que sometida a prueba vuestra fe, mucho más preciosa que el oro, el cual aunque perecedero se prueba con fuego, sea hallada en alabanza, gloria y honra cuando sea manifestado Jesucristo». 1 Pedro 1:6–7

Nada es más difícil de soportar que la aparente falta de propósito en el sufrimiento. Dicen que lo que rompe el corazón de un convicto en la cárcel es obligarlo a cargar piedras de un lado a otro. Pero nunca debemos ver las pruebas de la vida como castigos, porque nuestro Señor cargó con todos los castigos. Tienen el propósito de destruir la mala hierba y la basura de nuestra naturaleza. Cristo nos considera la luz de nuestros intereses eternos, que sólo Él puede juzgar. Si usted y yo supiéramos qué esfera desempeñaríamos en el otro mundo, entenderíamos la importancia de Su trato para con nosotros, pero ahora no lo sabemos. El Refinador tiene un propósito para sus problemas, aunque solamente Él lo sabrá, hasta el tiempo de la revelación.

Atrévase a creer que Dios está desarrollando un plan en su vida. ¡Él lo ama! Hable con Cristo en medio de su trabajo diario. Él escucha la oración silenciosa y capta sus susurros. Hable con Cristo acerca de sus pruebas, penas y ansiedades. Nada lo hace tan real como hablar con Él de todo.

Reflexión: *Deténgase a considerar el amor de Cristo. ¿De qué maneras ha utilizado Dios las dificultades para refinarlo?*

«En todo tiempo ama el amigo». Proverbios 17:17

Un amigo es de valor incalculable si tropezamos o caemos en el camino de la vid. «¡Ay del solo! Que cuando cayere, no habrá segundo que lo levante» (Ec. 4:10). Cuidemos los unos de las almas de los otros. Si alguno se está separando de la verdad, o está cayendo en alguna trampa tendenciosa, levantémoslo. La amistad debería hacer que nuestros espíritus resplandecieran. «¿Cómo se calentará uno solo?» (Ec. 4:11). Por supuesto, en un sentido espiritual hay fuentes divinas de calor. El mar de Cristo aviva el calor intenso. Pero sin duda es más fácil mantener la temperatura cuando tenemos un corazón afín a nuestro lado. Tal vez esa fue una razón por la que nuestro Señor envió a sus Discípulos de dos en dos (véase Lc. 10:1).

Un verdadero amigo nos hace más capaces de resistir al Diablo. Es una ayuda auténtica, durante la hora de prueba, tener a un amigo que se apropiará de las palabras del Señor que dice: «Pero yo he rogado por ti, que tu fe no falte» (Lc. 22:32). Está en el diseño de Dios que Sus hijos no viajen solos. Nos hizo para que fuéramos compañeros, socios y estimuladores mutuos.

Reflexión: *¿Por qué cree que es parte del plan de Dios para los cristianos que sean socios y compañeros? ¿Qué amigos han significado mucho para usted? ¿Por qué?*

Encomiende todo a Dios

«Y así los guía al puerto que deseaban. Alaben la misericordia de Jehová, Y sus maravillas para con los hijos de los hombres». Salmo 107:30–31

En la naturaleza humana está desear obtener todo lo que podamos de Dios y darle lo menos posible de nosotros. Tendemos a separar una parte de nosotros para Dios, excluyéndolo de todo el resto. Pero es un arreglo que no permanecerá. El amor solamente se entregará al amor. La duda, la cautela o la reserva echarán a perder cualquier amistad en la que todas las condiciones parezcan ser ideales. Muchas vidas que podrían desarrollar su rica herencia en Dios dejan de brillar y se arruinan, porque esa actitud establece un límite para reciban la herencia de Dios.

Entréguele a Dios todo lo que tiene. Permítale poseer todo lo que Él compró. Él utilizará su vida y le guardará. Producirá fruto de su naturaleza más escabrosa, así como los noruegos levantan cosechas en cada pedacito del suelo en sus laderas montañosas. Pondrá en usted la gracia que usted le devolverá en fruto. Él ganará para sí mismo un gran nombre a medida que transforma sus desiertos en jardines y hará que su desierto florezca como la rosa.

Reflexión: *¿Por qué alejar de Dios partes de nosotros? ¿Qué promete hacer Él si le permitimos guiarnos, y le agradecemos por las buenas cosas que logra en y a través de nosotros?*

«Padre, si quieres, pasa de mí esta copa; pero no se haga mi voluntad, sino la tuya». Lucas 22:42

Que todos los que sufren que lean estas líneas se atrevan a decir las mismas palabras: «No se haga mi voluntad, sino la tuya». Diga esto concienzuda y deliberadamente, no porque pueda sentirlo, sino porque lo desea, no porque el camino de la cruz sea placentero sino porque tiene que ser lo correcto. Entonces sentirá que todo está bien. Una gran tranquilidad se establecerá en su corazón, una paz que sobrepasa el entendimiento.

En el sufrimiento y el dolor, Dios toca las cuerdas menores, desarrolla las virtudes pasivas y deja ver los tesoros de la oscuridad. El dolor es un jardín, cuyos árboles están cargados de los frutos de justicia; no deje de tomarlos. El dolor es una mina, cuyas paredes resplandecen con piedras preciosas; no vuelva sobre sus pasos, a la luz del día, sin tomar algún tesoro en su camino. El dolor es una escuela, no se vaya sin aprender las lecciones que lo harán sabio para siempre.

Reflexión: *¿Cómo usa Dios el dolor para enseñarnos lecciones valiosas? ¿Qué ha aprendido de su sufrimiento?*

Cisternas rotas

83

«Me dejaron a mí, fuente de agua viva, y cavaron para sí cisternas, cisternas rotas que no retienen agua». Jeremías 2:13

Qué error enorme es pasar por alto la fuente que fluye libremente para saciar nuestra sed y hacer nuestras propias cisternas, rajadas y rotas, en las que hay decepción y desesperación. Está la cisterna del placer, esculpida con frutas y flores, forjada a costa de la salud y la paz. Está la cisterna de la riqueza, dorada y con piedras preciosas incrustadas. Está la cisterna del amor humano, que sin importar lo aceptable y bella, nunca puede satisfacer al alma que solamente descansa en ella. Todas estas, construidas a un costo infinito de tiempo y fortaleza, son traicioneras y decepcionantes.

A nuestros pies, la fuente del amor de Dios está fluyendo por medio del canal de Jesucristo, el Hombre Divino. Dice a cada uno de nosotros: «El que bebiere del agua que yo le daré, no tendrá sed jamás» (Jn. 4:14). Usted, que tiene sed de vida, un refresco duradero, beba profundamente del amor y la bondad de Dios. Abandone completamente las alianzas, idolatrías y pecados que solamente lo han dejado deshidratado. Abra su corazón para que Él pueda crear en usted la fuente de agua viva, que lo eleve a la vida eterna.

Reflexión: *¿Cómo difieren las opiniones del mundo, las «cisternas», de la opinión de Dios? ¿Por qué algunas personas se rehúsan a aceptar el agua viva de Dios y siguen intentando obtener la propia?*

84 Ayude a la gente necesitada

«Pero el que tiene bienes de este mundo y ve a su hermano tener necesidad, y cierra contra él su corazón, ¿cómo mora el amor de Dios en él?». 1 Juan 3:17

Es relativamente infructuoso dar una medalla aquí y otra allá, si no hacemos el esfuerzo, por medio de la compasión práctica y una mano amiga, de ayudar a las familias a llegar al camino en que puedan valerse por sí mismas. Permitir que las personas o las familias se valgan por sí mismas, y que aseguren su propio sustento, es inmensamente más importante que dar un alivio temporal que supla las necesidades de hoy, pero que no hace un cambio permanente en las circunstancias de mañana ni del futuro.

El método ideal de la vida es usar lo que se tiene para ayudar a otros, considerar su posesión de dinero como una administración para el bienestar del mundo. En lugar de dejar que su ropa cuelgue en su ropero sin usarse, déselas al pobre respetable, cuya ropa está raída, para que pueda ocupar adecuadamente los puestos de los que depende su sustento. Cualquier cosa que posea, libros, artículos, habitaciones vacías, hogares elegantemente amueblados, véalos como muchas oportunidades de ayudar y bendecir a otros.

Reflexión: *¿Cómo podría Dios querer que usted usara sus recursos para ayudar a otros? Pídale que le dé oportunidades de bendecir a otros.*

Entréguele sus ansiedades a Dios

85

«Mas tú, cuando ores, entra en tu aposento, y cerrada la puerta, ora a tu Padre que está en secreto». Mateo 6:6

¡Con cuánta frecuencia no hacemos ningún esfuerzo de ser felices ni de sacar lo mejor de todas las cosas! Hemos pasado una mala noche y no tenemos escrúpulos para imponer nuestra miseria a toda la gente en la mesa del desayuno. Tenemos ansiedad que carcome el corazón y transmitimos la apariencia de que llevamos una carga pesada. Supongo que en todos nosotros hay un deseo de ser el objeto del desvelo de los amigos, y hay veces en que libremente podemos descargarnos para recibir consejo y conmiseración. Pero no tenemos derecho de agregar indebidamente a los dolores y ansiedades de los demás, o al afán del mundo.

La vida que está escondida con Cristo en Dios es muy radiante, porque le entrega todas sus cargas y ansiedades al Padre en secreto, y se las deja. De esta manera, está «en solaz consigo misma» para entrar a las ansiedades de otros. El premio de la persona que vive con Dios en secreto no consiste en tronos ni coronas de oro, sino en un sentido creciente de cercanía, afinidad y entendimiento mutuo, que también emite una semejanza creciente, aunque otros no sepan porque su cara resplandece.

Reflexión: *¿Está radiante con el gozo del Señor? Si no, ¿por qué? ¿Qué podría estar impidiendo que entregue todas sus ansiedades a Dios?*

Dios ejerce control sobre Satanás

«¿Acaso teme Job a Dios de balde? ¿No le has cercado alrededor a él y a su casa y a todo lo que tiene?». Job 1:9–10

Uno de los estudios más profundos de la Biblia, el libro de Job, trata con el problema del mal. De principio a fin, las preguntas supremas en esta maravillosa pieza de literatura son: «¿Puede Dios hacer que el hombre lo ame por lo que Él es y sin tomar en cuenta Sus regalos?» Y, «¿Por qué se permite el mal, y qué parte juega esto en el sustento del alma del hombre?»

El primer capítulo está lleno de lecciones útiles. La ansiedad de los padres por sus hijos debería consumirse en una intercesión incesante por ellos. El adversario siempre está al acecho, considerando nuestra conducta para acusarnos delante de Dios, no sólo por pecados explícitos sino por motivos indignos. No podemos olvidar las palabras que nuestro Señor dio a Pedro: «Satanás os ha pedido... pero yo he rogado por ti, que tu fe no falte» (Lc. 22:31-32). Cristo nunca subestimó el poder de Satanás, el «príncipe de este mundo», y Él es nuestro gran intercesor (véase He. 4:14-16).

Durante circunstancias de prosperidad y felicidad, nunca debemos olvidar que es Dios el que planta un cerco de protección alrededor de nosotros, bendice nuestro trabajo y aumenta nuestra substancia. No es suficiente soportar nuestras aflicciones malhumoradamente o estoicamente. Debería ser nuestra meta no sólo aferrarnos a nuestra integridad, sino confiar en Dios.

Reflexión: *En términos prácticos, ¿qué significa que Dios planta un cerco de protección a nuestro alrededor?*

Esfuércese por la unidad del Cuerpo de Cristo

87

«Soportándoos con paciencia los unos a los otros en amor, solícitos en guardar la unidad del Espíritu en el vínculo de la paz». Efesios 4:2–3

La unidad o integridad del Espíritu es una realidad divina que no tenemos que hacer, solamente mantener. No importa cuánto lo intentemos, no podemos hacerla ni un poco más perfecta de lo que es. Ningún convenio, conferencia ni convención puede hacer esto. Pero somos llamados a ser muy diligentes para que el ideal divino pueda llevarse a cabo, tanto como sea posible, entre los santos.

Nunca habrá uniformidad, pero puede haber unidad. Los tubos del gran órgano nunca serán de la misma longitud ni del mismo tono, pero se les puede dar el mismo aire y combinarlas para que emitan la misma melodía.

Tenemos que esforzarnos para guardarnos de todo lo que se opone a la unidad interna del Espíritu. Los celos, las contiendas, las palabras ásperas, las interpretaciones equivocadas, esto no debe formar parte de un alma amorosa. A menudo es necesario proclamar la verdad, para defenderla en el púlpito o en el salón, reforzarla en las personas para quienes puede ser extremadamente desagradable. Pero el amor debe impulsar la conversación y controlar la expresión. No es suficiente decir la verdad; debemos decirla en amor.

Reflexión: *¿Qué papeles juegan el amor y la verdad en la unidad del cuerpo de Cristo? ¿Por qué tenemos que promover esa unidad?*

88 Reconozca el poder de Dios en su vida

«Para que sepáis cuál es la esperanza a que él os ha llamado, y cuáles las riquezas de la gloria de su herencia en los santos, y cuál la supereminente grandeza de su poder para con nosotros los que creemos, según la operación del poder de su fuerza». Efesios 1:18–19

El poder de Dios sobrepasa nuestra capacidad de imaginarlo. Si solamente pudiéramos comenzar a comprender y acceder el poder de Dios, todo en nuestras vidas mejoraría. Nos elevamos a alturas indecibles.

Los cristianos constantemente se quejan de que están muy por debajo de sus aspiraciones y esperanzas. Suspiran a los pies del risco que no pueden escalar. Pero ellos tienen la culpa. Nos paramos en elevadores que están unidos a tantos cables y palancas, y esperamos que nos lleven hacia arriba, sin jamás dudar de que lo harán si intencionalmente no ocasionamos algún desperfecto. De igual manera, si seguimos en comunión permanente con Dios, si no nos salimos deliberadamente del rango de Su bendita ayuda, nos encontraremos elevándonos con alas como águilas.

Reflexión: *¿Por qué es vital que se dé cuenta del poder maravilloso que le está disponible por medio de Dios? ¿Cómo influye esta verdad la manera en que vive?*

Traiga la paz de Dios al mundo

«Bienaventurados los pacificadores». Mateo 5:9

El énfasis fuerte que nuestro Salvador coloca en los «pacificadores» indica que el mundo está lleno de «perturbadores de la paz». El mundo en el que vivimos no es naturalmente pacífico, por lo que Dios llama a Sus hijos a intervenir.

¿No es porque los hombres han perdido la paternidad, que han perdido la hermandad? El amor tierno del padre hacia el hijo, y el amor del padre reconocido por el hijo, es el gran vínculo de seguridad que inculca y esparce paz. Pero ya que los hombres han perdido la consciencia del amor de Dios, están consumidos por la avaricia, lujuria, celos, odio y malicia que están en la raíz de la contienda en el mundo. Por lo tanto, Dios llama a Sus hijos, con quienes el vínculo ha sido restaurado y dice: «Deseo que la paz prevalezca sobre toda discordia y disensión. Por lo que los enviaré y sus pies serán bellos en las montañas, a medida que propagan la paz». Ya que Dios desea que todos sus hijos sean pacificadores, atendamos a ese llamado.

Reflexión: *¿Qué tan en serio toma el llamado de Dios de ser pacificador en el mundo? ¿Cómo, específicamente, pueden los cristianos ser pacificadores?*

90 Dios está con usted siempre

«Porque los montes se moverán, y los collados temblarán, pero no se apartará de ti mi misericordia». Isaías 54:10

Moisés durante cuarenta años disfrutó del favor de la corte. Hijo del palacio, aunque había nacido en una cabaña de esclavos. Según Esteban, era reconocido por sus obras y palabras, era elocuente en su discurso, aprendió en la cultura más alta de su época, acostumbrado a dirigir ejércitos victoriosos, ayudaba a elevar pirámides y ciudades atesoradas en paz. Todo lo que el mundo antiguo podía ofrecer estaba a sus pies (véase Hch. 7:22, He. 11:24-27). Pero a esto le siguieron otros cuarenta años de exilio, pobreza y angustia. En lugar de las riquezas de Egipto, se dedicó a cuidar las ovejas de otro, y los años pasaron lentamente en anonimato. Una tarde, una zarza común de repente parecía estar en llamas. Después escuchó esa voz interna, que le hizo darse cuenta de que el fuego no era una llama ordinaria sino la garantía y señal de la presencia de Dios.

Dios está tan cerca de cada lector de estas páginas como lo estuvo de Moisés en ese momento. Tome esto en serio, usted que está desanimado y descorazonado. Dios viene a usted, aunque usted esté humillado y consumido. Él lo envuelve, lo invade y se concentra en su necesidad.

Reflexión: *Si Dios verdaderamente está alrededor de usted, tan cerca como lo estuvo de Moisés en la zarza que ardía, ¿qué diferencia debería hacer esto en su vida? ¿Cómo puede saber que Dios está siempre con usted?*

Cinco pruebas en cuanto al dinero

91

«Porque raíz de todos los males es el amor al dinero».
1 Timoteo 6:10

La fascinación con el dinero es una de las más fuertes en el mundo. Hay cinco pruebas con las que podemos saber si este parásito se está enrollando a nuestro alrededor.

Primero, ¿nuestra mente está en el dinero que hemos hecho, contándolo una y otra vez, y calculando cuánto más puede ganar?

Segundo, ¿tenemos una sensación falsa de seguridad debido a nuestra riqueza? Con los años, ¿ha disminuido nuestra dependencia en Dios a medida que nuestras cuentas han aumentado?

Tercero, ¿envidiamos a otros que están ganando más dinero que nosotros y nos consideramos inferiores porque no podemos mantenernos a la par?

Cuarto, ¿miramos a cada servicio que damos y a cada información nueva que adquirimos a la luz de su ventaja monetaria?

Quinto, ¿tenemos la costumbre de medir las ganancias del año simplemente con lo que hemos ganado, sin tomar en cuenta nuestro crecimiento espiritual? ¿Se mide el logro en función del dinero acumulado y no en el bien que hemos hecho?

Somos sabios al hacernos preguntas como estas reverentemente, porque es casi seguro que revelarán si el cautivante amor al dinero podría estar envenenando nuestro corazón y robándole sus atributos más nobles.

Reflexión: *¿Qué descubrió al hacer esta «prueba»? ¿Qué cambios sería necesario que hiciera en hechos y actitudes?*

92 El poder de la resurrección de Cristo

«Como Cristo resucitó de los muertos por la gloria del Padre, así también nosotros andemos en vida nueva». Romanos 6:4

El apóstol nos dice que tenemos unión con el Cristo resucitado. Esto cambia todo en la forma que vemos la vida y la muerte, el bien y el mal. Detrás de nosotros está la muerte de nuestro Señor, que cortó la comunión de Su pueblo con el mundo. Así como la voz de alabanza o culpa no puede llegar al muerto, se pretende que el murmullo del mundo no nos afecte, sino que estemos fijos solamente en la voluntad de Dios. Ya no nos enfocamos en el aspecto de la muerte sino de la resurrección de la obra del Salvador. Obsérvelo a medida que avanza en su camino hacia el trono de gloria. Busque experimentar la unión con Él en la semejanza de Su resurrección.

Como los israelitas, hemos pasado de Egipto, para nunca más volver, y la redención del Mar Rojo de Cristo nos corta de nuestra condición anterior. No nos consideramos muertos al pecado en el sentido de que nuestra naturaleza ahora es incapaz de pecar. Tenemos que creer que hemos muerto al pecado, y que cuando la tentación venga, no tendrá derecho sobre nosotros. No vea al tentador, sino a Cristo; en cambio, ríndale sus ojos, oídos, corazón y mente, para que él pueda hacer el mejor uso de ellos.

Reflexión: *¿Cómo debería cambiar la resurrección de Cristo nuestra perspectiva total de la vida? ¿Cómo debería afectar a nuestra vida diaria el hecho de que hemos muerto al pecado?*

«Porque habéis sido comprados por precio; glorificad, pues, a Dios en vuestro cuerpo y en vuestro espíritu, los cuales son de Dios». 1 Corintios 6:20

El hecho de que hemos sido comprados por precio, no con cosas corruptibles como oro o plata, sino con la preciosa sangre de Cristo, es la base de toda la consagración (véase 1 P. 1:18). En la consagración no nos convertimos en Cristo, sino que reconocemos que somos Suyos por un derecho inalienable. Entre los hebreos, a veces se vendía un israelita como esclavo hasta el año del jubileo, o hasta que alguno de sus parientes lo redimiera (véase Lv. 25:47-50). De igual manera, nuestro pariente, Cristo, nos volvió a comprar del pecado, la culpa y la condenación. Cuando nos compra dice: «Serás para Mí; no serás para otro».

La afirmación de nuestro Señor sobre nosotros está cimentada en Su sacrificio supremo. Él «se dio a sí mismo», dice el apóstol Pablo, «para redimirnos de toda iniquidad» (Ti. 2:14). Qué pudiéramos tener siempre esto en mente, que no contemos con nada como nuestra posesión exclusiva, sino creamos que todo lo que tenemos nos ha sido dado para usarlo en el servicio del Maestro.

Reflexión: *¿Qué significa estar consagrado a Jesús? En nuestra cultura, ¿qué cosas tienden a impedir que los Cristianos sean totalmente fieles a Dios y que lo sirvan completamente?*

«Y fueron todos llenos del Espíritu Santo, y comenzaron a hablar en otras lenguas, según el Espíritu les daba que hablasen». Hechos 2:4

Parece que la mayoría de cristianos supone que la llenura del Espíritu Santo fue una prerrogativa de unos cuantos. Nunca han pensado que esté a su alcance, y la iglesia ha estado paralizada por falta del único poder que puede prevalecer en el conflicto en contra del mundo, el poder que su Señor ascendido claramente prometió. El Espíritu Santo es para todos los creyentes en Cristo. ¿Cómo podemos ser llenos del poder del Espíritu?

Tenemos que desear ser llenos para la gloria de Dios. Tenemos que buscar el poder del Espíritu, no para nuestra felicidad y comodidad, ni siquiera para el bien de que podemos ser más capaces de producir, sino para que Cristo sea glorificado en nuestros cuerpos, ya sea por vida o por muerte (véase Fil. 1:20).

Tenemos que traer vasijas limpias. Dios no depositará Su regalo precioso en recipientes sucios. Tenemos que ser lavados con la sangre de Cristo de toda suciedad y mancha consciente, antes de poder presumir que esperamos que Dios nos dé lo que buscamos.

Tenemos que apropiarnos de Él por fe. No hay necesidad de que esperemos, porque el Espíritu Santo le fue dado a la Iglesia. No tenemos que luchar y agonizar en la intensidad de la petición, sino simplemente tomar lo que Dios está esperando impartir. Él le da el Espíritu Santo a los que le obedecen (véase Hch. 5:32).

Tenemos que estar preparados para dejar que el Espíritu Santo haga lo que quiera con y a través de nosotros. No tiene que haber reservas, inhibiciones ni contrariedad de propósito.

Reflexión: *¿De qué maneras son los puntos que se plantean en esta lectura distintos a otros que usted ha escuchado? ¿Qué pasaría si los cristianos entendieran estas verdades y cumplieran con estas sencillas condiciones?*

«Este es mi Hijo amado, en quien tengo complacencia».
Mateo 3:17

Dios tiene muchos hijos, pero sólo un Hijo. La mañana de su resurrección, cuando nuestro Señor se encontró con las mujeres asustadas, dijo: «Subo a mi Padre y a vuestro Padre, a mi Dios y a vuestro Dios». Pero estas palabras hablaban infinitamente más de sí mismo de lo que pudieran hablar del hombre, sin importar cuán santo o inocente. La palabra Hijo, como la utiliza nuestro Señor y como la entendían los judíos, no sólo significaba una relación divina, sino una igualdad divina. Por lo tanto, en una ocasión los judíos buscaban matarlo porque Él «decía que Dios era su propio Padre, haciéndose igual a Dios» (Jn. 5:18). Y Él, en lugar de corregirlos, como lo habría hecho si hubiera sido una equivocación, siguió adelante para confirmar y consolidar su veracidad.

La impresión que Jesús de Nazaret dejó en todos los que le conocían fue la de Su humildad extrema, pero aquí había un punto en el que Él no podía menguar ni un poco, a fin de no ser desleal a Su conocimiento de sí mismo. Y así Jesús murió porque afirmó, en medio del horror sobreentendido de Sus jueces, que Él era el Cristo, el hijo de Dios.

Reflexión: *¿Qué significa para los creyentes que Jesús sea efectivamente el Hijo de Dios? ¿Por qué cree que Jesús estuvo tan atento en demostrar Su humildad, así como Su autoridad como Hijo de Dios?*

«Enséñanos a orar» 96

«Vosotros, pues, oraréis así: Padre nuestro que estás en los cielos, santificado sea tu nombre [...] El pan nuestro de cada día, dánoslo hoy». Mateo 6:9, 11

Nuestro Señor constantemente oraba a Su Padre. Sus discípulos conocían Su hábito de apartarse para orar en secreto, y en más de una ocasión habían visto la gloria transformadora reflejada en Su rostro. Qué dichoso sería para nosotros que la gloria del compañerismo y comunión con Dios fuera tan aparente que los hombres se acercaran a nosotros diciendo: «Enséñanos a orar» (Lc. 11:1). Observe estos pensamientos sobre la oración efectiva:

La oración debe ser simple. El proverbio judío decía: «A todo el que multiplica la oración se le escucha», pero nuestro Señor prohibió la repetición sin sentido con Su enseñanza de las peticiones simples, directas y comprensibles en la oración del Señor.

La oración tiene que ser reverente. Nuestro padre en el cielo recibirá y corresponderá bien las expresiones más simples y la intimidad más cercana. Pero tenemos que recordar que Él es el gran Rey y que Su nombre es santo. Los ángeles se cubren sus caras en Su presencia. Acérquese a Él con la reverencia y el respeto debidos.

La oración tiene que ser desinteresada. Nuestro Señor nos enseñó a interceder, en la estructura de esta oración, de tal modo que nadie pueda usarla sin suplicar por otros. Aunque oraremos por nuestras propias necesidades y preocupaciones, siempre deberíamos entender que somos miembros del cuerpo de Cristo. Las necesidades de otros también deberían llenar nuestras oraciones.

La oración debería tratar con necesidades reales. «Pan de cada día» implica toda clase de necesidad, y el hecho de que Jesús nos enseñara a orar por eso sugiere que podemos estar seguros de que es la voluntad de Dios dar.

La oración tiene que hacerse con fe. No podemos más que creer con certeza que persuadiremos a Dios, como el buen hombre de la casa a su amigo, y si entre los hombres pedir es recibir, cuánto más persuadiremos a Dios que nos ama más que un padre (véase Lc. 11:9-13).

Reflexión: *¿Cómo se relacionan estas verdades con sus oraciones? ¿Hay algunos cambios que tiene que hacer en sus oraciones?*

Una audiencia de uno

97

«¿Quién podrá estar delante de Jehová el Dios santo?».
1 Samuel 6:20

Existe la tendencia general de seguir la práctica de la mayoría. Vamos a la deriva con la corriente y dejamos que nuestras vidas sean dirigidas por nuestros compañeros o por las expectativas de otros. Tomamos decisiones según la opinión pública.

Qué revolución tendríamos si nuestra meta y ambición llegara a ser estar delante de Dios y siempre hacer esas cosas que le agradan a Él y solamente a Él. ¿Qué pasaría si cada decisión, cada acción, cada palabra fuera determinada solamente sobre la base de «estar delante de Dios»? Nuestras vidas seguramente serían transformadas radicalmente.

Todos estamos conscientes de los vínculos que nos unen a la tierra. Podemos descubrir cuáles son al reflexionar en las cosas a las que más nos aferramos, lo que nos es difícil dejar. Sea lo que sea, si nos impide vivir al nivel más alto, si es un peso que impide un ascenso hacia el cielo, debería dejarse deliberadamente en el altar de Dios, para que podamos tener vidas no diluidas para Él.

Reflexión: *¿Cómo cambiaría su vida si su única meta es estar delante de Dios y agradarlo? ¿Qué significa vivir una vida «no diluida» para Dios?*

98 No le oculte nada a Dios

«El cual derramó en nosotros abundantemente por Jesucristo nuestro Salvador, para que justificados por su gracia, viniésemos a ser herederos conforme a la esperanza de la vida eterna».
Tito 3:6–7

Al viajar por Escocia, conocí a algunos agricultores cuya tierra era muy pobre por naturaleza. Sin embargo, como resultado de mis averiguaciones, descubrí que podían obtener cosechas de peso y valor considerable. Esto me pareció extraordinario. De la nada no sale nada, es la regla usual. Pero resolvieron el misterio al decirme que agregaban, para enriquecer el estiércol, todo lo que sacaban durante los días de la mejor cosecha.

¿No es este el secreto de toda gracia o riqueza en nuestras vidas cristianas? No a nosotros, oh Jehová, no a nosotros, Sino a tu nombre da gloria. Todo lo que saques de nosotros, debes ponerlo primero. Y todas las cosechas de grano dorado, todos los frutos de la gracia cristiana, son Tuyos porque Tú, con Tu sangre y lágrimas, con el brillo de sol de Tu amor y la lluvia de Tu gracia, has enriquecido naturalezas que en sí mismas eran áridas como el desierto y secas como la arena.

Tenemos que asegurarnos de no ocultar nada. No tiene que haber reservas en ninguna parte de nuestro ser. Espíritu, alma y cuerpo tienen que ser rendidos libremente a Dios.

Reflexión: *¿Se ha comprometido totalmente a conocer a Dios y obedecerlo en todas las áreas de la vida? ¿Qué podría estar impidiendo que usted se entregue totalmente a Su cuidado cultivador?*

Reciba la plenitud de Dios 99

«Porque en él habita corporalmente toda la plenitud de la Deidad». Colosenses 2:9

Toda la plenitud de la Deidad mora corporalmente en Cristo, para que todos podamos recibir esa plenitud de Él, como corrientes de agua pura que continuamente renuevan los pozos y cisternas. En Él hemos estamos completos dentro del propósito y la intención de Dios, y en Él podemos ser llenos de su gracia diaria, a través de la operación del Espíritu Santo.

No hay uno, que esté en Jesús con una fe viva, que no pueda tener la certeza de ser lleno por Él. Como la sangre vital fluye de la cisterna-corazón en cada miembro y parte del cuerpo, de igual manera las corrientes de vida y amor que emanan del corazón de Jesús laten en las puertas del corazón del creyente. Él lo llena todo.

Reflexión: *¿Cuáles son algunas maneras en las que tratamos de crear nuestras propias «cisternas» en lugar de encontrar la llenura completa en Cristo por medio del Espíritu Santo? ¿Qué desea hacer Cristo en cada una de nuestras vidas?*

100 Sea un hijo de la luz

«Porque en otro tiempo erais tinieblas, mas ahora sois luz en el Señor; andad como hijos de luz». Efesios 5:8

Cuando vivimos en comunión con Dios, reflejando su amor y bondad, puede decirse que caminamos en la luz. Y en la medida que damos pasos en el camino de la luz, nuestro entendimiento se expande y crece. En la luz de Dios, vemos la luz. Cuando el corazón es puro, el ojo tiene un solo propósito. Lo opuesto también es cierto. Cuando estamos alienados de la vida de Dios, nuestro entendimiento se oscurece a Su verdad y el trono de la infidelidad está al centro del corazón. Una vez que la persona está cortada de la vida de Dios, por el endurecimiento del corazón, la luz del conocimiento de la gloria de Dios late frente a una ventana cerrada, pidiendo entrada en vano.

Si conoce a Dios, tiene que parecerse a Dios. Si aprende los secretos de Dios, tiene que caminar con Dios. Si quiere reflejar la luz de Dios, tiene que vivir dentro de Su luz. Esto significa caminar de la mano con el Padre a cada momento, cada hora y cada día.

Reflexión: *¿A qué nivel está caminando con Dios? ¿Qué le permitiría reflejar mejor Su luz?*

«Vestíos de toda la armadura de Dios, para que podáis estar firmes contra las asechanzas del diablo». Efesios 6:11

Cada cristiano estará en conflicto con las fuerzas del infierno, en su vida y en su capacidad de soldado del evangelio de Cristo. El hecho de que a Satanás y a sus subordinados se les llame «gobernadores de las tinieblas de este siglo» implica la naturaleza feroz y prolongada de este conflicto al que los cristianos son llamados a involucrarse. Sin embargo, no hay necesidad de que nos retractemos, porque por medio de la ascensión de Cristo todos estos principados y potestades fueron puestos bajo los pies de nuestro Redentor. Cuando estamos en Él, somos más que una contraparte para las fuerzas más poderosas del infierno.

Pero el apóstol deja claro que tenemos que poseer ciertas cualidades personales antes de que podamos beneficiarnos de la victoria. Este es el significado de ponerse «toda la armadura» de Dios. Reflexionemos en esto, porque descuidarlo ha ocasionado el fracaso de muchos obreros cristianos. No son lo suficientemente cuidadosos en cuanto a su carácter personal, por lo que el Diablo se ríe de ellos. Por sus contradicciones, cortan los tendones de su fe y se desasocian de la única fuente de victoria a la que el Diablo le tiene pavor.

Reflexión: *¿Qué pasa cuando no nos ponemos la armadura de Dios? Piense en alguna ocasión de su vida, cuando no se la puso y como resultado su carácter personal sufrió cuando Satanás le atacó.*

«Vivamos en este siglo sobria, justa y piadosamente». Tito 2:12

¿De qué sirve hablar de Jesús con los que están conscientes de alguna contradicción en nuestro carácter? ¿Podemos declarar la santidad de Dios cuando nuestros propios intentos de vivir santamente son tibios y débiles? El efecto de nuestras peticiones más elocuentes se neutraliza con nuestras obras, que hablan más fuerte.

Qué bello contraste hay entre la flojedad de muchos de nosotros y el cuidado escrupuloso del apóstol Pablo. Cuán cuidadosamente se condujo como representante de Cristo. Cuán sensible fue con la mínima apariencia de egoísmo. Cuán alegremente estuvo sin lo que en sí era legítimo para no comprometer su ministerio. Que todos veamos a Pablo como un ejemplo y líder. Aunque libremente admitió sus imperfecciones y debilidades, se esforzó por vivir de acuerdo a su gran llamado en Cristo.

Reflexión: *¿En qué áreas de su vida se podrían encontrar fallas? ¿Cuáles son algunos ejemplos prácticos de vivir con integridad?*

Venza el mal con el bien

103

«No seas vencido de lo malo, sino vence con el bien el mal».
Romanos 12:21

No importa cómo los hombres reciban nuestro testimonio, lo que digan y hagan en contra de nosotros, tenemos que seguir siendo lo que el Señor nos ha llamado a ser. Tenemos que dejar que resplandezca el que está dentro de nosotros, para que los hombres admitan que no puede ser nada más que la gracia transformadora de Dios lo que nos capacita para vivir con esa caridad y bondad.

Usted se habrá preguntado, qué tiene de bueno ser bueno. Sus opresores se jactan por encima de usted, se aprovechan de su bondad y malinterpretan su dominio propio. Pero podría ser que su amabilidad esté comenzando a descongelar el suelo congelado en el corazón de alguien más. El calor que emite su benevolencia, al principio, puede parecer que no marca la diferencia, pero cada hora que brilla el sol derrite un poco más las almas cubiertas de hielo. Muéstreles amabilidad a todos los hombres y confíele los resultados a Dios.

Reflexión: *¿Por qué es tan difícil responder de esta manera? ¿Qué pasos podemos dar para permitir que Dios refleje Su amor a través de nosotros, cuando interactuamos con gente difícil?*

104 Reciba la bienaventuranza de Dios

«Venid, benditos de mi Padre». Mateo 25:34

Antes de que Jesús viniera, los hombres estaban alegres, felices, o enojados con una emoción delirante, pero no eran realmente benditos. Esta era una palabra nueva para la gente, o era una palabra vieja recién acuñada. No sabían nada de este secreto profundo y dulce de disfrutar incluso en este mundo, algo de la misma vida de la deidad. Solamente Él, que había bajado del cielo, sabía de su existencia o del camino que llevaba a ella.

A Dios se le llama de manera significativa «el Dios bendito». Desde la eternidad, su inmensa y gloriosa naturaleza ha sido tan bendita como el cielo que llena el espacio sideral. Y Jesús bajó del cielo a enseñarnos este hecho y a hacernos entender nuestro privilegio. Ya que hemos sido hechos a semejanza de Dios, cada uno de nosotros es capaz de una bienaventuranza similar. Un espíritu con el Señor, tenemos el privilegio de compartir la bienaventuranza que llena Su corazón. No en cantidad, sino en calidad, no en medida sino en esencia, para que podamos degustar la bienaventuranza del Dios bendito.

Reflexión: *¿Qué significa «bienaventuranza» en sus propias palabras? ¿Por qué cada cristiano es capaz de compartir la bienaventuranza de Dios?*

105

El plan de Dios que se desarrolla

«Y todo lo que hacéis, sea de palabra o de hecho, hacedlo todo en el nombre del Señor Jesús». Colosenses 3:17

Nada es más desastroso que caminar sin rumbo, porque Dios dota a cada persona con un propósito distinto. A veces, podría venir un momento lúcido en que relampaguea una visión momentánea de la obra principal a la que fuimos enviados. Otras veces, podemos ver hacia delante como con un velo de niebla, y caminamos por fe, creyendo que la niebla se desvanecerá.

Créalo: Dios desarrollará el propósito de nuestra vida. Si no lo hace en un instante, entonces será paso a paso gradualmente. Sigamos adelante firmemente, contando con que nuestro Guía Todopoderoso proveerá de la gracia, sabiduría y la fuerza que necesitamos. ¡No abandonaremos la obra de Sus propias manos! Dios proveerá todo para el plan que tiene en mente para usted hasta completarlo.

Reflexión: *¿Por qué es importante que recordemos que Dios está desarrollando Su voluntad en cada una de nuestras vidas? ¿Cómo revela Dios Sus planes y propósitos para nuestras vidas?*

Las riquezas de Dios

«Según las riquezas de su gracia, que hizo sobreabundar para con nosotros en toda sabiduría e inteligencia». Efesios 1:7–8

Todos estamos familiarizados con la abundancia majestuosa en la naturaleza. Cada cerco común con su riqueza de vegetación; cada raudal de truchas lentas, donde los peces se encuentran en las profundidades serenas; cada metro cuadrado de cielo de media noche, lleno de joyas excepcionales, estas y otras incontables maravillas testifican de los recursos insondables de Su poder. Pero están para que todo el mundo las vea.

Así como el hombre acaudalado abre sus depósitos más ricos a los que comparten su amor y no las expondría al visitante ocasional, Dios ha preparado para los que le aman cosas que el ojo no vio, ni el oído oyó, ni han subido en corazón de hombre (véase 1 Co. 2:9). Hay riquezas de gracia en el corazón de Dios, de perdón, compasión y misericordia, de las cuales los primeros de los santos en las filas celestiales y el principal de los pecadores en la Tierra, sin importar cuán fuertemente se hayan beneficiado de ella, no saben relativamente nada. No tenemos norma para calcular la infinidad, y la infinidad es la órbita en la que Dios vive y ama.

Reflexión: *¿Qué riquezas de Dios está disfrutando ahora? Agradézcale por todo lo que ha preparado para usted.*

Viva por fe en Cristo

107

«Y lo que ahora vivo en la carne, lo vivo en la fe del Hijo de Dios». Gálatas 2:20

Es la intención de Dios que el que crea viva siempre en Cristo Jesús, como la propia fundación de nuestras vidas. En Él encontramos nuestra protección en contra de la tormenta. En Él, encontramos protección en contra de los vientos aulladores. En Él, encontramos un amarradero seguro contra la tempestad.

Quién fuera siempre uno de los fieles en Cristo Jesús y pudiera decir con el salmista: «No hay para mí bien fuera de ti» (16:2). Entonces, en cualquier momento, sería fácil obtener acceso con determinación a la presencia de Dios, seguros de que lo que pedimos está de acuerdo con Su voluntad. Entonces nos sentaríamos a Sus pies para que Él nos enseñe y ya no sería siempre difícil agradecerle, en su nombre, por todas las cosas. Un pozo artesiano, alimentado por el gozo profundo del cielo, produciría una alegría perenne en nuestros corazones. Así, nunca nos faltaría fortaleza, nuestro escaso suministro sería alimentado de Su poder del que podríamos sacar perpetuamente.

Reflexión: *¿Qué significa «vivir en Cristo»? ¿Qué bendiciones ha experimentado al caminar de la mano con Él?*

108 Bendecido en toda circunstancia

«Bienaventurados los que padecen persecución por causa de la justicia, porque de ellos es el reino de los cielos». Mateo 5:10

La bienaventuranza es para nosotros aquí y ahora. No lejos, en algún mundo distante de dicha, donde nuestras circunstancias serían totalmente favorables y el misterio del pecado y la muerte habrían terminado, sino en cualquier situación que nos encontremos en esta hora. Nuestros problemas reales no están en nuestras circunstancias, sino en nosotros mismos. Si hubiéramos vivido la vida de Pablo, en el estado presente de nuestro corazón, no habríamos sabido nada de sus experiencias extáticas. Si él pudiera vivir en las nuestras ahora, no importa cuán sacudidas por la tempestad o atribuladas, en ella encontraría elementos de ese éxtasis que está por encima de todo.

Jesús vino a demostrar que la bienaventuranza no se compone de nuestras circunstancias externas. Efectivamente, Él enseñó característicamente que deberíamos esperar sufrir aflicciones adicionales en nombre de la justicia y el Suyo. Pero también enseñó que, si poseemos una actitud piadosa y una perspectiva eterna, seremos verdaderamente bendecidos. Dijo que la bienaventuranza es posible en las peores circunstancias solamente si aguantamos sencilla, valerosa, verdadera y puramente.

Reflexión: *¿Cómo puede el cristiano ser bendecido en todas las circunstancias, aún en las más desafiantes? ¿Por qué la bienaventuranza no se compone de nuestras circunstancias externas?*

La salvación es para todos

109

«Mas el que bebiere del agua que yo le daré, no tendrá sed jamás; sino que el agua que yo le daré será en él una fuente de agua que salte para vida eterna». Juan 4:14

Solía pensar que Dios había puesto Sus mejores dones en un estante alto para que nos esforcemos en alcanzarlos. Ahora me doy cuenta que los mejores están en los estantes más bajos, al nivel del piso de la sala de cuna, para que los bebés puedan obtenerlos. Todos tenemos la capacidad de recibir las bendiciones, así como hay una capacidad para la belleza, el amor, el gozo. El agua del pozo de Belén era solamente para David, pero el agua del profundo pozo de la dicha de Dios, que nuestro poderoso Salvador ha ganado para nosotros a un precio tremendo, es para todo pobre y marginado que viene, con el cántaro en la mano, a tomar libremente de ella.

Dios no hace acepción de personas. Él no excluye a nadie; recibe a todos. No importa quién sea, usted está invitado a este banquete. Venga y disfrute lo mejor que Dios tiene que ofrecer.

Reflexión: *¿Qué significa que «los mejores regalos de Dios están en los estantes de abajo»? Si cada uno de nosotros realmente se diera cuenta de lo que la salvación realmente es, ¿cómo podríamos vivir de manera distinta?*

110 Busque la verdadera humildad

«Que a nadie difamen, que no sean pendencieros, sino amables, mostrando toda mansedumbre para con todos los hombres». Tito 3:2

Hay gente (muy objetable, creo) que siempre dice: «No soy nada ni nadie». Insisten en tomar los asientos de atrás y en declarar que no son dignos de que se fijen en ellos. Pero usted siente que son tan orgullosos y deseosos de los primeros lugares como los que en la parábola del Señor tomaban los mejores lugares en el banquete (véase Lc. 14:8-11). Efectivamente, esta clase de falsa humildad es más detestable que la que desecha todo disfraz. A veces la gente actúa humildemente porque están orgullosos de una reputación de humildad. Se sientan cerca de la puerta para poder tener el placer de que se les pida que pasen al frente.

¡Quien tuviera la humildad que no se considera humilde! ¡La cara que brilla, pero sabemos que no es así! ¡El servicio silencioso que no busca elogios!

Para ver la verdadera humildad en acción, tenemos que acudir a nuestro bendito Señor que, aunque era rico, llegó a ser pobre (véase 2 Co. 8:9). Ninguna ambición lo tentó, ningún temor lo hizo retroceder, no dio ocasión a que ningún deseo de ganar poder, aparte de los caminos que estaban señalados por el Padre, lo desviara de la ruta escogida de obediencia.

Reflexión: *¿Qué es verdadera humildad? ¿De qué maneras la demostró Jesús?*

No guarde rencor

111

«Si traes tu ofrenda al altar, y allí te acuerdas de que tu hermano tiene algo contra ti, deja allí tu ofrenda delante del altar, y anda, reconcíliate primero con tu hermano, y entonces ven y presenta tu ofrenda». Mateo 5:23–24

Muy frecuentemente estamos disgustados con la gente que hemos ofendido. Por lo tanto, no hay mejor manera de librarnos de explosiones de ira que corrigiendo la ofensa, tan pronto como nos percatamos de ella, en la clara luz de la presencia de Dios. Por esta razón, nuestro Señor nos pide que busquemos al hermano que hemos ofendido y que reparemos el daño.

Cuando recordamos los sucesos al final del día, a menudo nos damos cuenta de que, sin decir mucho, hemos transmitido a algún hermano sentimientos malos, de una manera fría, con un cambio de comportamiento o una actitud distante. El síntoma de nuestro resentimiento hacia él puede haber sido leve pero bastante suficiente como para transmitir desagrado. No hay método más seguro de suspender el progreso de una tormenta de ira, que reconciliarse al instante con el hermano por el pequeño detalle en el que nuestro antagonismo se ha dejado ver.

Reflexión: *¿Por qué necesitamos tratar apropiadamente con la mínima cantidad de ira? ¿Qué puede ocurrir cuando no buscamos la reconciliación y dejamos que nuestra ira se fragüe dentro de nosotros?*

«Para que el Dios de nuestro Señor Jesucristo, el Padre de gloria, os dé espíritu de sabiduría y de revelación en el conocimiento de él». Efesios 1:17

¿Qué tan seguido nos detenemos a pensar en la majestad y magnificencia de Dios? ¿No somos capaces de familiarizarnos con el pensamiento de que Dios es amigo y compañero (que seguramente lo es) de modo que olvidamos alabarlo por ser el Rey de reyes y Señor de señores?

Recuerde que Dios lo ama como ningún padre ha amado al bebé indefenso que le entrega su querida y joven esposa moribunda. Recuerde, también, Su riqueza como el Padre de gloria. Este amor por usted, y esta riqueza que se le ofrece, es mucho más extraordinaria cuando usted se da cuenta de las circunstancias de esta relación. El Dios del universo, el Creador de todo, el Rey exaltado que está arriba de toda la tierra lo mira con favor, afección y amor eterno.

Reflexión: *¿Qué tan seguido piensa en la majestad de Dios? ¿Qué significa para usted saber que el Rey de reyes lo ama entrañablemente?*

Ante todo, búsquelo

113

«Mas buscad primeramente el reino de Dios y su justicia, y todas estas cosas os serán añadidas». Mateo 6:33

El propósito de Dios es que Su reino tan esperado venga, que la vida gozosa reemplace a la muerte y que el amor venza al odio. En Su gran bondad, él nos ha llamado a ayudarlo a lograr Su gran propósito, y nos pone la carga de que no deberíamos descansar hasta que el reino haya venido y Su voluntad se haga en la Tierra como en el cielo. Para esto, tenemos que trabajar y orar.

El contratista que se hace cargo del mantenimiento de una línea ferroviaria, o de la construcción de una enorme reserva entre las montañas, conoce la necesidad de cuidar del bienestar de los miles de trabajadores que laboran con sus palas o paletas. Si van a hacer un trabajo que no lo deshonre, por lo menos él tiene que ver que su salud física y bienestar estén garantizados. ¿Es entonces posible que Dios sea menos cuidadoso y considerado de Sus hijos, a quienes ha llamado a la comunión con Él? ¿No sabe que haremos nuestro mejor trabajo si estamos libres de preocupaciones? Descanse en esta promesa que Él dio: «todas estas cosas os serán añadidas».

Reflexión: *¿Realmente cree este versículo y vive de acuerdo a él? ¿Por qué si o por qué no? ¿De qué manera ha demostrado Dios ser fiel en el pasado?*

114 Use el escudo de la fe

«Sobre todo, tomad el escudo de la fe, con que podáis apagar todos los dardos de fuego del maligno». Efesios 6:16

El guerrero cristiano tiene que ser vigoroso en la fe. Cuando cada dardo feroz, inclinado con las llamas del odio infernal, se acerca al soldado de la cruz, él tiene que apagarlo con el escudo dorado de la fe, para que no llegue a su cabeza o corazón. A veces circulará una calumnia a la que usted no le ha dado lugar, se le lanza una acusación venenosa, o se le arroja una sugerencia horrible entre las uniones de la armadura. Al momento de esos ataques, nos vemos tentados a dar la vuelta y retirarnos de la batalla.

La gente se rendirá ante la tentación, si no están seguros de que pueden pedir la ayuda del poderoso Salvador, que intercede para cubrir nuestras cabezas durante el día de batalla. Pero una fe como esta solamente le es posible al que tiene las manos limpias, el corazón puro y que vive en comunión diaria con Jesús.

Reflexión: *¿Cómo podemos obtener una fe poderosa para tratar con los desafíos de la vida? Si realmente deseamos exhibir una fe vigorosa, ¿qué clase de cosas hará Satanás para descarrilarnos?*

«Y fueron todos llenos del Espíritu Santo». Hechos 2:4

Nada puede compensar a la iglesia o al cristiano por la falta del Espíritu Santo. Lo que la corriente es para la rueda de molino, el Espíritu Santo es para la iglesia. No tendremos poder y seremos avergonzados ante la presencia de nuestras dificultades y enemigos si no aprendamos lo que Él puede ser, como una corriente poderosa de amor y poder en los corazones de sus santos.

Hay mucha gente que está sufriendo de distintas formas de debilidad espiritual, atribuibles a la falta del Espíritu Santo. No que estén totalmente desposeídos de Él, porque si lo estuvieran no serían cristianos en absoluto. Pero su poder espiritual está en decadencia. Esto no tiene que ser así, porque la dotación de poder y el bautismo de fuego están a su alcance. Que seamos inspirados con una ambición santa para recibir todo lo que nuestro Dios está dispuesto a otorgar.

Experimentaremos un gozo indecible y poder insaciable si nos rehusamos a estar satisfechos con cualquier otra cosa más que con la morada completa del Espíritu Santo.

Reflexión: *¿Cómo nos rehusamos a ser llenos del Espíritu? ¿Por qué a veces no accedemos completamente a su poder?*

Un Sumo Sacerdote que nos ama

«Por tanto, teniendo un gran sacerdote que traspasó los cielos, Jesús el Hijo de Dios, retengamos nuestra profesión».
Hebreos 4:14

Jesús murió porque Dios nos amó tanto como para entregar a Su hijo a la muerte por todos nosotros. Dios nos amó desde la eternidad, pero antes de que Su amor pudiera llegarnos, Él tenía que satisfacer las demandas de una ley quebrantada, para vindicar Su justicia y para ser justo. Por lo tanto, Él se dio a sí mismo por nosotros en Jesús, quien manifestó a Dios en la carne, quitando el pecado por el sacrificio de Sí mismo; y entró al lugar santísimo para convertirse en nuestro misericordioso Sumo Sacerdote. El único Hijo concebido y amado es el depósito en el que se almacena el gran amor de Dios.

Es un gran consuelo saber que Dios nos amó, cuando no había nada que atrajera Su amor, porque Él no se sorprenderá con nada que descubra en nosotros y no nos dará la espalda por las manifestaciones de mal que a veces nos hacen perder el valor. Él conocía lo peor desde el principio. No nos amó porque fuéramos puros y sin mancha, sino para hacernos así. No podemos entenderlo, pero desde que comenzó, no fracasará ni se desanimará hasta que haya terminado Su obra.

Reflexión: *¿Qué significa para usted que Dios «conocía lo peor desde el principio» y aun así lo amó? Agradézcale a Dios hoy por Su infinito amor para usted.*

Cómo llegar a ser pobre en espíritu

117

«Bienaventurados los pobres en espíritu, porque de ellos es el reino de los cielos». Mateo 5:3

Ser pobre en espíritu es estar vacío del yo y esperar en Dios, despojarse de la confianza en sí mismo, depender con agradecimiento del poder de la vida del Dios vivo. Para llegar a ser pobre en espíritu hay que darse cuenta que no se tiene poder propio para bendecir y ayudar a los demás, y luego abrir todo su ser para que Dios entre y fluya.

Aunque Jesús era rico en toda la plenitud divina de Su naturaleza divina, llegó a ser pobre y se despojó a sí mismo (véase 2 Co. 8:9). En otras palabras, decidió no decir Sus propias palabras, seguir Su propio diseño y plan ni hacer Sus obras poderosas con Su propio poder. Más bien, llegó a ser el canal e instrumento por medio del cual Su Padre habló, obró y reconcilió al mundo consigo mismo. Despojémonos, como Jesús, para que podamos ser llenos de la misericordia, poder y amor de Dios.

Reflexión: *¿Es pobre en espíritu? ¿Qué significa «despojarse»?*

118 No pierda su sal

«Buena es la sal; mas si la sal se hiciere insípida, ¿con qué se sazonará?». Lucas 14:34

La sal que se deja en contacto con un suelo húmedo pierde su sabor y no sirve para nada más que para pisotearla. Lo mismo sucede con los cristianos que pierden su capacidad de «sazonar» al mundo con bondad y justicia. Lot es un ejemplo de esto. Sodoma seguía su camino, independientemente de su presencia en su medio. Las siete Iglesias del Asia perdieron su sabor y con las del África del Norte y fueron holladas por los musulmanes. Nada es tan inútil y trivial como un cristiano inconsecuente e impotente (véase Ez. 15:3-5).

Qué consuelo saber que nuestro Pastor restaura el alma que confía en Su protección. Si se desvía hacia senderos prohibidos, o camina sin rumbo, va en busca de él y lo carga a casa sobre Su hombro, contento. Transformó a Pedro, a pesar de su caída, en un testigo vivo de la verdad, a quien ninguno de sus enemigos pudo contradecir ni resistir. Por medio de Su Espíritu, Su obra es infundir el antiguo sabor a la sal insípida.

Reflexión: *¿Cómo, específicamente, se llama a los cristianos a ser «sal»? Pídale a Dios que lo acerque a Él y que lo aleje del pecado, para que pueda estar lleno de sabor.*

La bienaventuranza es para hoy 119

«Bienaventurado aquel cuya transgresión ha sido perdonada». Salmo 32:1

Hay una condición de alma, que el Maestro llama *bienaventuranza*, que puede ser experimentada y disfrutada por cada persona en la tierra. Esta *bienaventuranza* principalmente viene del perdón de pecados y de la aceptación de Cristo como Señor y Salvador. No hay alma humana tan analfabeta, sola, pobre de los bienes de este mundo, asediada por el pecado y agobiada por las tentaciones, que no pueda entrar a esta vida de *bienaventuranza,* en este momento. No es necesario ascender al cielo para hacer bajar la *bienaventuranza*, ni descender a la profundidad del abismo para hacerla subir; no hay que luchar ni llorar por ella; no se obtiene por el mérito de obras santas ni como recompensa del servicio devoto.

No tenemos que hacer, sentir ni sufrir, sino solamente ser; reconocer nuestra dependencia total en Dios, nuestra necesidad total de Él y Su perdón y la bienaventuranza instantánea dará inicio.

Reflexión: *¿Qué bendiciones ha recibido por el perdón de Dios? ¿Conoce a alguien que todavía no haya reconocido la necesidad de perdón? Ore por esta persona hoy.*

Esfuércese por conocer a Dios

«Vi yo al Señor sentado sobre un trono alto y sublime,
y sus faldas llenaban el templo». Isaías 6:1

Vivimos en tiempos difíciles. Pero siempre, en la historia humana, cuando los eventos externos parecen más preocupantes, los siervos de Dios son atraídos hacia el lugar secreto del Altísimo.

Cuando la tierra estaba pasando por aflicción oscura, y la revolución era inminente, Isaías contempló la estabilidad del trono de Dios. Era «alto y sublime». El único hombre que fue escogido en todo Israel para verlo fue Isaías. Con toda humildad, ascendió las gradas del templo, apresurado por las multitudes que iban allí como algo simplemente religioso. Cualquiera de ellos parecía necesitar una visión reveladora, pero el hombre que había visto era el que ahora veía al Señor; era el único santo en todo Israel que parecía estar más en contacto con Dios, el que fue llevado a un contacto aún más cercano. ¡No nos satisfagamos con lo externo y sensual, con lo ritual, ni con los sermones, no importa cuán espléndido y magníficos sean! Los que son humildes y persistentes en su búsqueda de Dios oirán notas que otros oídos no pueden oír y entrarán al reino del espíritu que está cerrado al observador externo. El mundo puede estar lleno de conmoción; los torrentes han elevado su voz, pero el Señor en las alturas es poderoso. Él vencerá, porque por medio de la muerte, resurrección y ascensión ¡Él es Señor de señores y Rey de reyes!

Reflexión: *¿Qué tanto realmente desea conocer a Dios? ¿Cómo, específicamente, puede conocerlo mejor?*

Índice de temas

Adversidad

9. Su posición segura en Cristo 20
23. ¿Difamaciones o Biblias? 23
27. Dios lleva nuestras cargas fielmente 40
29. Dios camina con usted en la adversidad 42
82. El valor del sufrimiento 104
85. Entréguele sus ansiedades a Dios 107
108. Bendecido en toda circunstancia 132

Agradecimiento

4. Agradezca a Dios por todas las cosas 13

Alegría

43. Deléitese en el Señor 58

Amar a los demás

16. El amor y la fe son inseparables 28
38. Imite el amor sacrificial de Cristo 52
54. Comparta el amor de Cristo 73
62. Una vida entregada a Dios vive para los demás 82
80. El valor de la amistad 102
84. Ayude a la gente necesitada 106

Amistad

80. El valor de la amistad 102

Amor de Dios

16. El amor y la fe son inseparables 28
73. Cómo entender el profundo amor de Dios 95

112. El Rey le ama 136
116. Un Sumo Sacerdote que nos ama 140

Ángeles

50. Ángeles entre nosotros 66

Bendiciones de Dios

63. A veces Dios espera para bendecirnos 83
72. Nuestro dolor: clave para bendición 94
83. Cisternas rotas 105
99. Reciba la plenitud de Dios 123
104. Reciba la bienaventuranza de Dios 128
106. Las riquezas de Dios 130
107. Viva por fe en Cristo 131
108. Bendecido en toda circunstancia 132
113. Ante todo, búsquelo 137
119. La bienaventuranza es para hoy 143

Biblia

40. No descuide la guía de la Biblia 54
49. La unidad de la Biblia 65
75. Profundice en la Biblia 97

Búsqueda de Dios

13. Enfóquese en el corazón de Dios, no en el suyo 25
44. Tiempo a solas con Dios 59
120. Esfuércese por conocer a Dios 144

Compromiso

12. Viva por voluntad, no solamente por emociones 24

Confianza en Dios

3. Busque la guía infalible de Dios 11

21. Cimiente su fe en la fidelidad de Dios ... 33
25. Cómo descubrir la fortaleza genuina ... 38
53. Confíe en Dios completamente ... 71
65. Ore con certeza... y confíe en Dios ... 86
105. El plan de Dios que se desarrolla ... 129

Consecuencia
15. Camine cuidadosamente, permaneciendo en Dios ... 27

Consuelo
35. La guía y consuelo del Espíritu Santo ... 49
61. Jesús conoce nuestras penas ... 81

Crecimiento espiritual
28. Cultive la sinceridad con Dios ... 41
48. Tome en serio cada pecado ... 64
117. Cómo llegar a ser pobre en espíritu ... 141

Crecimiento espiritual
34. Jesús camina con nosotros a través del sufrimiento ... 48
57. La fuente de madurez genuina ... 76
91. Cinco pruebas en cuanto al dinero ... 113

Creencia en Dios
20. Acepte el perdón de Cristo ... 32
88. Reconozca el poder de Dios en su vida ... 110

Cristo
9. Su posición segura en Cristo ... 20
30. Usted ha resucitado con Cristo ... 43
51. Cristo, nuestro amigo ... 67
54. Comparta el amor de Cristo ... 73
92. El poder de la resurrección de Cristo ... 114

93. Libertad por medio de Cristo 115
95. Jesús: el Hijo de Dios 118

Cuente con Dios
18. Acepte la paciencia de Cristo 30
64. Busque la guía de Dios 85
85. Entréguele sus ansiedades a Dios 107
114. Use el escudo de la fe 138

Cuerpo de Cristo
87. Esfuércese por la unidad del Cuerpo de Cristo 109
111. No guarde rencor 135

Dar
47. Apoye financieramente la causa de Cristo 63
84. Ayude a la gente necesitada 106

Diligencia
46. Trabaje como para Dios 61

Dinero
22. Sirva al único Maestro verdadero 35
47. Apoye financieramente la causa de Cristo 63
91. Cinco pruebas en cuanto al dinero 113

Discernimiento
7. Preste atención a sus motivos 17

Dolor
29. Dios camina con usted en la adversidad 42
61. Jesús conoce nuestras penas 81
72. Nuestro dolor: clave para bendición 94

Escuchar a Dios

60. Tres señales de la voz interna de Jesús ... 79

Espíritu Santo

6. Llénese de Dios ... 16
14. El Espíritu Santo revela verdades profundas ... 26
17. La morada del Espíritu Santo ... 29
35. La guía y consuelo del Espíritu Santo ... 49
39. Reclame su porción prometida ... 53
94. Cómo recibir al Espíritu Santo ... 116
115. Sea lleno del Espíritu Santo ... 139

Fe en Dios

21. Cimiente su fe en la fidelidad de Dios ... 33
73. Cómo entender el profundo amor de Dios ... 95
77. La posibilidad de lo imposible ... 99
95. Jesús: el Hijo de Dios ... 118
96. «Enséñanos a orar» ... 119
104. Reciba la bienaventuranza de Dios ... 128
106. Las riquezas de Dios ... 130
114. Use el escudo de la fe ... 138

Fidelidad de Dios

27. Dios lleva nuestras cargas fielmente ... 40
79. El fuego del refinador ... 101
90. Dios está con usted siempre ... 112
99. Reciba la plenitud de Dios ... 123

Fortaleza

25. Cómo descubrir la fortaleza genuina ... 38
56. Fortaleza a través del Espíritu de Dios ... 75
76. Lo que significa ser manso ... 98

Glorificar a Dios

45. Examine sus motivos 60
70. Vaya en pos de la mente de Cristo 92
102. Viva con integridad santa 126
110. Busque la verdadera humildad 134

Gracia

55. La gracia maravillosa de Dios 74
58. Perdón por medio de la sangre de Cristo 77
109. La salvación es para todos 133
112. El Rey le ama 136

Gozo

10. Dios demanda obediencia 21
43. Deléitese en el Señor 58
66. Alégrese en medio del sufrimiento 87
83. Cisternas rotas 105

Gratitud

4. Agradezca a Dios por todas las cosas 13

Guerra espiritual

31. Combata el mal con el poder de Dios 44
86. Dios ejerce control sobre Satanás 108
101. Use su armadura en la batalla 125

Guía

3. Busque la guía infalible de Dios 11
40. No descuide la guía de la Biblia 54
52. Dios guía nuestros caminos 69
59. El propósito de Dios para su vida 78
64. Busque la guía de Dios 85
75. Profundice en la Biblia 97

Humildad

57. La fuente de madurez genuina 76
110. Busque la verdadera humildad 134

Influencia en otros

41. Use su influencia bien y sabiamente 55
100. Sea un hijo de la luz 124

Justicia

67. Apunte alto 89
74. Cuide su andar 96
78. Llamados a la justicia 100
103. Venza el mal con el bien 127

Libertad

93. Libertad por medio de Cristo 115

Mansedumbre

76. Lo que significa ser manso 98

Obediencia

10. Dios demanda obediencia 21
22. Sirvo al único Maestro verdadero 35
60. Tres señales de la voz interna de Jesús 79

Oración

65. Ore con certeza... y confíe en Dios 86
96. «Enséñanos a orar» 119

Paciencia

8. Dios revelará Sus planes 18
18. Acepte la paciencia de Cristo 30
63. A veces Dios espera para bendecirnos 83

Paz

19. Los cristianos guerreros deben buscar la paz 31
26. Promueva la vida pacífica 39
89. Traiga la paz de Dios al mundo 111

Pecado

11. Sin pecados «pequeños» 23

Perdón

11. Sin pecados «pequeños» 23
20. Acepte el perdón de Cristo 32
58. Perdón por medio de la sangre de Cristo 77
119. La bienaventuranza es para hoy 143

Permanecer en Cristo

2. Permanezca en Él siempre 10
15. Camine cuidadosamente, permaneciendo en Dios 27
107. Viva por fe en Cristo 131

Poder de Dios

31. Combata el mal con el poder de Dios 44
69. Nuestra fuente genuina de poder 91
77. La posibilidad de lo imposible 99
88. Reconozca el poder de Dios en su vida 110
92. El poder de la resurrección de Cristo 114

Poder espiritual

39. Reclame su porción prometida 53
50. Ángeles entre nosotros 66
69. Nuestra fuente genuina de poder 91
94. Cómo recibir al Espíritu Santo 116
103. Venza el mal con el bien 127
115. Sea lleno del Espíritu Santo 139

Posesiones

36. Un asunto de prioridades 50
53. Confíe en Dios completamente 71

Propósito en la vida

59. El propósito de Dios para su vida 78
105. El plan de Dios que se desarrolla 129

Provisión de Dios

6. Llénese de Dios 16
52. Dios guía nuestros caminos 69
56. Fortaleza a través del Espíritu de Dios 75
113. Ante todo, búsquelo 137

Pureza

32. Guarde su mente 32
37. Sea puro de corazón 37
68. La importancia del pensamiento santo 68

Quietud

1. Aparte el tiempo para estar tranquilo y a solas con Dios 9
44. Tiempo a solas con Dios 59

Reflexión

17. La morada del Espíritu Santo 29

Relación con Dios

2. Permanezca en Él siempre 10
13. Enfóquese en el corazón de Dios, no en el suyo 25
28. Cultive la sinceridad con Dios 41
90. Dios está con usted siempre 112
120. Esfuércese por conocer a Dios 144

Rendición a Dios

62. Una vida entregada a Dios vive para los demás.......82
81. Encomiende todo a Dios.......103
97. Una audiencia de uno.......121
98. No le oculte nada a Dios.......122
117. Cómo llegar a ser pobre en espíritu.......141

Salvación

71. Cómo experimentar la salvación de Dios.......93
109. La salvación es para todos.......133

Santidad

24. Una vida santa: nuestra obra máxima para Dios.......37
37. Sea puro de corazón.......51
48. Tome en serio cada pecado.......64
68. La importancia del pensamiento santo.......90
74. Cuide su andar.......96
102. Viva con integridad santa.......126

Satanás

86. Dios ejerce control sobre Satanás.......108
101. Use su armadura en la batalla.......125

Sufrimiento

34. Jesús camina con nosotros a través del sufrimiento.......48
66. Alégrese en medio del sufrimiento.......87
79. El fuego del refinador.......101
82. El valor del sufrimiento.......104

Testimonio

23. ¿Somos luz o tinieblas?.......36
26. Promueva la vida pacífica.......39
41. Use su influencia bien y sabiamente.......55

71. Cómo experimentar la salvación de Dios 93
118. No pierda su sal 142

Tiempo
17. La morada del Espíritu Santo 29
1. Aparte tiempo para estar tranquilo y a solas con Dios 9
42. Aproveche bien el tiempo 57

Toma de decisiones
5. Use su mente sabiamente 14
7. Preste atención a sus motivos 17
97. Una audiencia de uno 121

Trabajo
46. Trabaje como para Dios 61

Unidad
87. Esfuércese por la unidad del Cuerpo de Cristo 109
111. No guarde rencor 135

Uso de los dones de Dios
42. Aproveche bien el tiempo 57
81. Encomiende todo a Dios 103
118. No pierda su sal 142

Vida semejante a Cristo
24. Una vida santa: nuestra obra máxima para Dios 37
30. Usted ha resucitado con Cristo 43
32. Guarde su mente 45
33. Disciplínese a la luz de la verdad de Dios 46
38. Imite el amor sacrificial de Cristo 52
45. Examine sus motivos 60
67. Apunte alto 89

70. Vaya en pos de la mente de Cristo 92
78. Llamados a la justicia 100
98. No le oculte nada a Dios 122
100. Sea un hijo de la luz 124

Índice de pasajes bíblicos

Éxodo 14:13 18
1 Crónicas 28:9 17
1 Samuel 6:20 121
Job 1:9–10 108
Salmo 16:2 131
Salmo 18:27 76
Salmo 20:7 38
Salmo 27:4 10
Salmo 27:8 97
Salmo 32:1 143
Salmo 37:4 25
Salmo 37:34 41
Salmo 40:4 71
Salmo 46:10 59
Salmo 51:2 23
Salmo 56:3 40
Salmo 100:1–2 58
Salmo 107:30–31 103
Salmo 107:43 95
Salmo 119:103–104 54
Proverbios 17:17 102
Proverbios 23:7 45
Eclesiastés 4:10 102
Eclesiastés 4:11 102
Isaías 1:19–20 21
Isaías 6:1 144
Isaías 30:18 83
Isaías 53:4 42
Isaías 54:10 112
Isaías 58:11 11
Isaías 63:9 81
Jeremías 2:13 105
Miqueas 3:8 38
Nahúm 1:7 48
Malaquías 3:10 63
Mateo 3:17 118
Mateo 5:3 141
Mateo 5:4 94
Mateo 5:5 98
Mateo 5:6 .... 16, 100
Mateo 5:8 51
Mateo 5:9 111
Mateo 5:10 132
Mateo 5:16 55
Mateo 5:23–24 135
Mateo 6:6 .... 86, 107
Mateo 6:9, 11 119
Mateo 6:24 35
Mateo 6:33 137
Mateo 14:30 33
Mateo 25:34 128
Mateo 28:20 48
Lucas 11:1 119
Lucas 12:15 50
Lucas 12:31, 34 50
Lucas 14:34 142
Lucas 17:6 99
Lucas 22:31–32 108

Lucas 22:32 102
Lucas 22:42 104
Lucas 24:36 39
Juan 2:4 57
Juan 2:5, 7 79
Juan 4:14 .... 105, 133
Juan 5:18 118
Juan 8:12 69
Juan 10:4 85
Juan 14:16–17 29
Juan 14:26 49
Juan 15:5 73
Juan 15:15 67
Juan 8:12 69
Juan 10:4 85
Juan 14:16–17 29
Juan 14:26 49
Juan 15:5 73
Juan 15:15 67
Juan 17:4 17
Juan 18:37 78
Juan 20:22 39
Hechos 2:4 .... 116, 139
Hechos 17:2–3 14
Romanos 5:20 77
Romanos 6:4 114
Romanos 12:1 82
Romanos 12:18 31
Romanos 12:21 127
1 Corintios 1:9 33
1 Corintios 6:20 115
1 Corintios 7:24 61
2 Corintios 5:20 37
2 Corintios 6:16 27
2 Corintios 9:8 74
Gálatas 2:20 131
Gálatas 3:28 20
Gálatas 5:16 27
Efesios 1:7 77
Efesios 1:7–8 130
Efesios 1:15–16 28
Efesios 1:17 136
Efesios 1:18–19 110
Efesios 3:16 .... 44, 75
Efesios 3:20 91
Efesios 4:1 96
Efesios 4:2–3 109
Efesios 5:2 52
Efesios 5:8 124
Efesios 5:15–16 57
Efesios 5:18 53
Efesios 5:18, 20 13
Efesios 5:25 53
Efesios 6:7 61
Efesios 6:10 44
Efesios 6:11 125
Efesios 6:12 44
Efesios 6:14 46
Efesios 6:15 31
Efesios 6:16 138
Efesios 6:17 93
Filipenses 1:20 60
Filipenses 2:5–8 92
Filipenses 3:14 .... 78, 89
Filipenses 4:8 90
Colosenses 2:2 26

Colosenses 2:9 123
Colosenses 3:1 43
Colosenses 3:2 45
Colosenses 3:15 39
Colosenses 3:17 129
1 Timoteo 6:10 113
2 Timoteo 3:16 65
Tito 2:12 126
Tito 2:14 115
Tito 3:2 134
Tito 3:6–7 122
Hebreos 1:14 66
Hebreos 4:14 140
Hebreos 8:12 77
Hebreos 12:14 64
Hebreos 13:20–21 24
Santiago 1:2–3 87
Santiago 1:4 30
1 Pedro 1:6–7 .... 87, 101
1 Pedro 5:6–7 36
1 Juan 2:6 9
1 Juan 2:12 32
1 Juan 3:17 106
1 Juan 4:13 49